TRINITY

Zum Buch Das Leben ist kein Wunschkonzert, heißt es im Volksmund. Biele Herz hingegen ist überzeugt: Wer sich von seinen Wünschen leiten lässt, kann das Leben ganz nach seinen individuellen Vorstellungen gestalten.

Zeit ihres Lebens suchte sie nach einem Schlüssel zum Glück und richtete ihr Leben nach dem Motto »Wage wieder zu wünschen« aus. In ihrem Erstlingswerk beweist sie anhand von persönlich erlebten Episoden, dass mit der Kraft unserer Gedanken wirklich alles möglich ist – nicht ohne Pleiten, Pannen und Glücksfälle schonungslos zu Papier zu bringen. Und damit jeder von ihren autobiografischen Erkenntnissen profitieren kann, hat Biele Herz ein *Magisches Spiel* mit Affirmationen, Übungen und vielen Beispielen entwickelt. Mithilfe dieses Spiels kann es jedem von uns gelingen, Glück, Zufriedenheit und Liebe nicht nur herbeizusehnen, sondern auch zu bekommen.

© privat

Zur Autorin Anke Bittkau alias Biele Herz interessierte sich bereits in jungen Jahren für Spiritualität. Eine schwere Krankheit war der Auslöser dafür, dass sie sich mit alternativen Heilmethoden auseinandersetzte. Sie begann, nach dem Sinn ihres Leidens zu forschen, und entdeckte ein magisches Muster hinter den Zufälligkeiten des Lebens: unsere Einstellung zum Wünschen.

Die Autorin lebt im Kanton Baselland in der Schweiz.

Biele Herz

Das Leben ist ein *Wunschkonzert*

Mit der Kraft der Gedanken unsere Herzenswünsche erfüllen

TRINITY

Wichtiger Hinweis
Die im Buch veröffentlichten Ratschläge und Empfehlungen wurden von Verfasserin und Verlag mit größter Sorgfalt erarbeitet und geprüft. Sie können jedoch nicht ärztlichen oder psychotherapeutischen Rat ersetzen. Eine Haftung der Verfasser bzw. des Verlages und seiner Beauftragten für Personen-, Sach- oder Vermögensschäden ist ausgeschlossen.

FSC
www.fsc.org
MIX
Papier aus verantwortungsvollen Quellen
FSC® C014889

in der Scorpio Verlag GmbH & Co. KG, Berlin · München
Umschlaggestaltung: Antje Betken
Covermotiv und Illustrationen: Gisela Rüger
Layout und Satz: Antje und Hermann Betken
Druck und Bindung: Pustet, Regensburg
ISBN: 978-3-941837-25-6

www.trinity-verlag.de

Danksagung

Mein größtes Dankeschön gilt Wem-oder-was-auch-immer-es-da-gibt, *der oder das Mittel und Wege zur Verfügung gestellt hat, damit dieses Buch veröffentlicht werden konnte.*

Mit großer Liebe möchte ich an dieser Stelle meinen Freund erwähnen, der mich in zweifelnden Momenten immer wieder motiviert hat, weiterzuschreiben.

Ein liebevolles Dankeschön sende ich meinen Freunden, die mich in den letzten Jahren unterstützt und begleitet haben und das weiterhin tun.

Und dann bedanke ich mich in aller Liebe bei all den Menschen, die mir auf meinem bisherigen Lebensweg im Guten als auch im Schlechten begegnet sind, denn durch sie konnte ich wachsen und mich selbst immer ein Stückchen besser kennenlernen.

Auch meiner Familie zolle ich großen Dank.

Ein ganz besonderes Dankeschön sende ich gen Himmel zu meiner Großmutter, die mich mit ihren tröstenden und ermunternden Worten schon immer begleitet hat und die mir in ihrer humorvollen Art aus der geistigen Welt viele gute Ideen und Anregungen schickt.

Inhalt

Vorwort: Es war einmal ein Wunsch
oder: Ein alter Burgbrunnen 8

Meine erlebten Geschichten 13
Einführung 14
Belangloser Alltag *oder: Etliche alltägliche Zufälle* 18
Morbus Crohn *oder: Geh dahin, wo du hergekommen bist* 23
Der Weg ist das Ziel *oder: Zweifelhafter Erfolg* 29
Heiliger Platz *oder: Ein Wunsch wird erfüllt* 36
Merlin, das Zwergkaninchen *oder: Ein Glücksstein* 39
Geschenkpaket *oder: Was man gibt, bekommt man zurück* 42
Blütezeit *oder: Ein Engel in der Yuccapalme* 46
Seltsame Dame *oder: Das Leben ist das beste Drehbuch* 49
Geflügelter Helfer *oder: Eine himmlische Wohnung* 54
Wut *oder: Wenn die Zwangsjacke droht* 58
Vorsicht mit dem Wünschen *oder: Wenn Träume zu Albträumen werden* 63
Als i-Tüpfelchen ein Autounfall *oder: Schrammen bringen Glück* 68
Friedhofsbesuch *oder: Geister, die ich rief* 73
Weihnachten am Meer *oder: Urlaub mit dem lieben Gott* 80
Angst *oder: Das Leben gleicht einem Theaterstück* 86
Outfit *oder: Kleider machen Leute* 92
Mein Chef, die Putzhilfe *oder: Ordnung ist das halbe Leben* 100
Liebe *oder: Jeder möchte geliebt werden* 105
Tanznacht *oder: Eine Vision wird Wirklichkeit* 110
Die innere Stimme *oder: Kleiner Helfergeist ganz groß* 114
Dualista *oder: Das Geld liegt auf der Straße* 118
Das Abkommen mit mir selbst *oder: Ein neuer Lebensabschnitt* 124
Erneut auf Wohnungssuche *oder: Erde an Universum* 131
Blind Date *oder: Tischlein deck dich* 136
Rendezvous *oder: Wie backe ich mir einen Traummann?* 142
Patient mit Stacheln *oder: Was einem zufällig vor die Füße fällt* 152
Engel mit Herz *oder: Neuankömmling* 156

Das Magische Spiel 161

Einführung 162

Regel 1: Freiheit: Freiheit beginnt in unserem Denken 164

Regel 2: Unser persönlicher Knast: In unserem Gedankengefängnis sind wir sowohl Gefangener als auch Aufseher 170

Regel 3: It's magic: Mit unseren Gedanken beeinflussen wir unsere Realität 174

Regel 4: Wortwahl: Worte sind ein mächtiges Handwerkszeug 180

Regel 5: Gefühlswelt: Wir können unsere Gefühle beeinflussen 186

Regel 6: Gesundheit: Krankheiten entstehen nicht zufällig 189

Regel 7: Aktiv werden: Denken und Reden allein reicht nicht, Taten zählen! 194

Regel 8: Unsichtbarer Begleiter: Ein treuer Helfergeist steht uns zur Seite 199

Regel 9: Altlasten: Wir dürfen alte Denkmuster über Bord werfen! 204

Regel 10: Offenheit: Aktionen ziehen Reaktionen nach sich 212

Regel 11: Klarheit: Ordnung ist das halbe Leben 219

Regel 12: Magie der Gefühle: Gefühle wirken wie Magnete 224

Regel 13: Spiegelbilder: Unsere Umwelt spiegelt unsere persönlichen Facetten wider 231

Regel 14: Glück: Liebe ist ein goldener Schlüssel zum Glück 235

Regel 15: Angst bringt uns nicht weiter 240

Regel 16: Treue Wegbegleiter: Wir sind nie allein und hilflos – *Wer-oder-was-auch-immer* steht uns zur Seite 243

Das Magische Spiel: Sie sind Spielführer und Spieler in Ihrem persönlichen Magischen Spiel 248

Nachwort: Das Spiel geht weiter 252

Vorwort
Es war einmal ein Wunsch

oder: Ein alter Burgbrunnen

Wie bitte funktioniert das Leben?! Diese Frage trieb mich in den vergangenen Jahren wie ein Motor an. Wir wünschen uns alle, glücklich, gesund und finanziell abgesichert zu sein und eine harmonische Partnerschaft zu führen. Aber wie können wir das schaffen? Ganz einfach. Indem wir uns bewusst Gedanken über diese Ziele machen und sie uns im Geiste immer wieder vorstellen. Denn ich behaupte, entgegen der landläufigen Meinung: Das Leben ist ein Wunschkonzert!

Als ich etwa neun Jahre alt war, unternahmen meine Eltern mit meiner Schwester und mir einen Ausflug zu einer großen mittelalterlichen Burg am Bodensee. Als wir durch die gepflasterten Gassen schlenderten, standen wir bald vor einem imposanten Brunnen. Meine Schwester und ich lehnten uns über die steinerne Brüstung, um in das Wasser sehen zu können. Dort erblickten wir staunend eine Vielzahl von Geldstücken, die vom Brunnenboden zu uns emporglitzerten.

Unser Vater erklärte, dass Menschen, einem alten Glauben folgend, Geldstücke in den Brunnen werfen würden und sich dabei etwas wünschten. Das wollten wir natürlich auch, und auf unser flehendes Bitten hin bekamen wir, von einem breiten Schmunzeln begleitet, jede ein Geldstück in die Hand gedrückt.

Voller Freude warf meine Schwester ihre Münze in hohem Bogen in den Brunnen. Ich ließ es ruhiger angehen. In Gedanken an eine Abenteuergeschichte, die von einem Jungen und seinem Pferd handelte und die mich über viele Stunden hinweg in ihren Bann gezogen hatte, wünschte ich mir nichts sehnlicher, als selbst auf einem Pferd reiten zu dürfen. Voller Inbrunst stellte ich mir also ein galoppierendes Pferd vor und warf die Münze zu den anderen in den Brunnen. Von dem Wunsch erzählte ich niemandem. Auch auf neugieriges Nachfragen hin nicht, denn meine Mutter hatte ausdrücklich erklärt, dass sich Wünsche besser erfüllen, wenn man sie für sich behält.

Ich kann mich noch gut an die Situation etwa zwei Wochen nach diesem Ausflug erinnern. Während ich mir im Badezimmer die Zähne putzte, kam meine Mutter herein und erklärte, dass eine gute Freundin von ihr am Telefon sei und mir anböte, einen gemeinsamen Tag mit ihrer Familie in einer Reithalle zu verbringen. Sie hätten dort ein Pferd in einer Box untergestellt, und wenn ich Freude daran hätte, dürfte ich auch einmal auf dem Pferd an der Longe reiten.

Voll Begeisterung und Verblüffung sagte ich zu. Ich erinnerte mich an den Wunschbrunnen zurück und fragte mich, ob es wohl einen Zusammenhang zwischen dem Wunsch und der Einladung gäbe. Diese Möglichkeit war faszinierend. Nach einem aufregenden Nachmittag, an dem ich stolz und beglückt auf einem großen dunkelbraunen Pferd die Reithalle entlangtraben durfte, nahm ich mir, vor genauer zu beobachten, ob sich noch andere meiner Wünsche erfüllen würden. Mit den Jahren vergaß ich dieses Vorhaben jedoch wieder.

Zufälle

Doch eines Tages fiel mir – im Rückblick auf etliche wunderbare Ereignisse – auf, dass mir verblüffenderweise immer wieder Dinge »zugeflogen« waren, die ich mir von Herzen gewünscht hatte. So begann ich mich ernsthaft zu fragen, ob es sich dabei tatsächlich um Zufälle gehandelt hatte. Solch eine Anhäufung von Zufällen schien mir eher unwahrscheinlich, und so begab ich mich, wie in einem Märchen, auf die Suche nach dem goldenen Schlüssel zum Glück.

Für dieses Buch habe ich viele weitere Geschichten solcher »Zufälle« gesammelt, die sich wie ein roter Faden durch mein Leben ziehen. Auch der Gedanke, ein Buch zu schreiben, hat mich seit meiner Kindheit nicht losgelassen. Und ich denke, so ist es auch kein Zufall, dass ich nun hier sitze und meine Geschichten zu Papier bringe. Sie sind Resultate aus vorangegangenen Gedanken, Erfahrungen und Wünschen. Mit meinen Geschichten möchte ich veranschaulichen, dass es uns mit zielgerichteten Gedanken und Gottvertrauen möglich ist, unsere Realitäten zu verändern und wir auf unserem Weg unterstützende geistige Helfer an der Seite haben.

Anhand der Geschichten möchte ich aufzeigen, dass es möglich ist, Wünsche wahr werden zu lassen, und dass es sich dabei keinesfalls um Träumerei oder Schönrederei handelt. Ich möchte Menschen in schwierigen Lebenslagen neue Hoffnung machen und sie motivieren, ihr Leben zu verändern.

Das ist der Wunsch, der mich treibt. Durch meine persönlichen Erlebnisse und Erfahrungen möchte ich verzweifelten Menschen Mut machen und aufzeigen, dass jeder eine Wendung im Leben herbeiführen kann.

Vielleicht fragen Sie sich jetzt: Aber wie soll das funktionieren? Im zweiten Teil des Buches finden Sie ein Spiel, das ich entwickelt habe: das *Magische Spiel.* Anhand meiner Erfahrungen habe ich Ihnen ein kleines Handbuch zusammengestellt, mit dem Sie die Kraft Ihrer Gedanken selbst erfahren können. Die einzelnen Schritte habe ich Punkt für Punkt durchgearbeitet und selbst emotional durchgestanden. Meine Einsätze wurden immer belohnt und haben für positive Veränderungen gesorgt. Es ist Ihre Entscheidung, ob Sie sich auf dieses Spiel einlassen. Ich kann nur aus meiner Erfahrung sagen: Sobald man sich aus tiefstem Herzen für diesen Weg entschieden hat und ihn konsequent weiterverfolgt, lassen unglaubliche Zufälle und Veränderungen nicht lange auf sich warten.

Lieber Leserin, lieber Leser, auch Sie möchten etwas Grundlegendes in Ihrem Leben verändern, denn es ist kein Zufall, dass sie jetzt dieses Buch in den Händen halten. Sie sind bereit, sich auf etwas Neues einzulassen, und das *Magische Spiel* gibt Ihnen das nötige Handwerkszeug für die Veränderung mit auf den Weg. Ich freue mich sehr, dass Sie jetzt mein Buch lesen und damit ein Gefühl dafür bekommen, was mir am Herzen liegt. Und ich danke Ihnen, dass Sie das Buch in Ihr Leben geholt haben, um Ihre Wünsche zu erfüllen. Denn so haben Sie meinen Wunsch erfüllt, mit meinem Buch andere Menschen voranzubringen. Nichts geschieht zufällig.

Besteht unser Leben
aus Zufällen?
Oder sind wir selbst
unseres Glückes Schmied?
Die Geschichten aus meinem
Leben zeigen Ihnen, was
alles möglich ist – wenn
wir an uns selbst und eine
höhere Instanz glauben.

Meine erlebten Geschichten

Schon vor meiner Einschulung konnte ich lesen. Meine Tante hatte mir auf spielerische Weise Lesen und Schreiben beigebracht. Sehr früh las ich zu Hause vor dem Einschlafen Märchen und erlebte spannende Abenteuer von Prinzen und Prinzessinnen. Ich freute mich über den Fleiß der Glücksmarie, nahm rege Anteil an Aschenbrödels Schicksal, gruselte mich gemeinsam mit Hänsel und Gretel vor der bösen Hexe und litt mit Prinzessinnen, die von grausamen Drachen entführt worden waren. Etwa ab dem zehnten Lebensjahr erlebte ich wilde Abenteuer mit Winnetou und Old Shatterhand und ritt durchs wilde Kurdistan, als Jugendliche erlebte ich heiße Liebesnächte in der Taiga, lernte Götter der griechischen Mythologie kennen und lernte, dass man nur mit dem Herzen gut sieht. Es war ein Genuss, vor Aufregung und Gänsehaut nicht einschlafen zu können und stattdessen bis tief in die Nacht hinein mit teilweise vor Müdigkeit und Anstrengung tränenden Augen Seite um Seite umzuschlagen. Aus tiefstem Herzen entschloss ich mich, eines Tages als Erwachsene Schriftstellerin zu werden. Die Geschichten sollten aber auf meinen eigenen Erfahrungen und Erlebnissen basieren und keinesfalls fantastischer Art sein.

Freudestrahlend teilte ich meinen Eltern diesen Berufswunsch mit. Aber sie nahmen mir alle Illusionen: Schreiben sei eine brotlose Kunst und man könne nur mit einem richtigen Beruf Geld verdienen und durchs Leben kommen. Ich wurde tieftraurig, weil ich dachte, mein Wunsch sei nicht in die Tat umzusetzen – schließlich wollte ich von meinem Beruf auch leben.

Gedankenlos hatte ich die letzten Jahre über in der Freizeit damit begonnen, Erlebnisse in Form von Geschichten aufzuschreiben und sie Freunden und Verwandten vorzulesen. Hin und wieder wurde ich gefragt, ob ich mir vorstellen könnte, ein Buch zu schreiben. Nicht nur, dass ich mir dies vorstellen konnte, es war weiterhin mein größter Traum. Den Gedanken, ein Buch zu schreiben und die ersten Schritte in diese Richtung zu machen, schob ich jedoch weit von mir, weil ich mir einredete, dass dies reine Träumerei sei. Doch die Gedanken holten mich immer wieder ein und ließen mir keine Ruhe.

Beruf oder Berufung?

Kennen Sie solch ein Thema, das sich wie ein roter Faden quer durch Ihr Leben zieht, und über das Sie jahrein jahraus immer wieder stolpern? In meinem Leben jedenfalls gibt es ihn. Auch wenn ich schon x-mal beinahe wegen diesem Faden auf die Nase gefallen bin, habe ich ihm lange keine Beachtung geschenkt. Doch im vergangenen Jahr hat er sich quer und eindeutig unübersehbar vor mir aufgespannt, und mir blieb nichts anderes mehr übrig, als ihn in Ruhe zu betrachten und darüber nachzudenken, was er mir mitteilen wollte.

In meinem Lebenslauf kristallisierte sich ein bestimmtes Muster heraus: Ganz egal, wie gut meine Leistungen und mein Einsatz waren, konnte ich im Berufsleben nicht wirklich Fuß fassen. Aus unterschiedlichen Gründen gingen die Arbeitsverhältnisse immer wieder zu Ende. Ich wusste nie, was ich wirklich wollte, und beneidete Schüler, die schon in jungen Jahren ihre Berufswünsche äußern konnten. Immer häufiger hatte ich den letzten Jahren das Gefühl, nicht das zu tun, was meiner Bestimmung entsprach. Ich habe mich herumgequält und oft gegrübelt, was bei mir nur schiefläuft. Arbeiten an sich macht mir große Freude, das ist nicht die Frage. Es schien nur nie das Richtige zu sein und ich beneidete Menschen, die zufrieden jahrein, jahraus ihren Jobs nachgingen.

Der Deal: Wenn sich die Vision erfüllt, schreibe ich ein Buch

Vor einigen Jahren traf ich aus einer Stimmung aus Resignation, Wut und Verzweiflung heraus einen Entschluss. In einem Gespräch mit *Wem-oder-was-auch-immer-es-da-gibt* sagte ich, dass ich, wenn ich einen Job nach meinen Wünschen, eine schöne große Wohnung und einen neuen passenden Partner fände, eine Vision umsetzen würde, die mich seit Jahren begleitete.

Dann würde ich ein Buch darüber schreiben, dass es in unserem Leben weit mehr gibt, als das, was wir sehen und wahrnehmen. Ich legte für den neuen Job einen fixen Termin fest und willigte ein, mich von *Wem-oder-was-auch-immer-es-da-gibt* führen zu lassen.

Nach dieser Entscheidung veränderte sich alles. Ich bekam wenige Wochen danach einen neuen Arbeitsplatz, fand einen neuen Partner und zog mit ihm in eine wunderschöne Wohnung in einer herrlichen Umgebung.

Auch mit diesem Arbeitsplatz ging es – Sie werden es kaum glauben – in die Hose. Ich hatte mal wieder keinen Job, aber dafür Zeit, meinen Traum zu verwirklichen und alle meine Geschichten in diesem Buch für Sie aufzuschreiben. Wenn Sie die Geschichten lesen, bekommen Sie eine Ahnung davon, dass es etwas um uns herum gibt, dem wir vertrauen dürfen. Und mit dieser Ahnung können Sie Ihrem eigenen roten Faden folgen und Ihr eigenes Leben verändern.

Belangloser Alltag

oder: Etliche alltägliche Zufälle

Wenn ich zurückdenke, fallen mir immer wieder Situationen ein, in denen ich mir etwas gewünscht und das Gewünschte daraufhin erhalten habe.

Ein Beispiel: Nachdem ich den Führerschein gemacht hatte und mir vorerst noch kein eigenes Auto leisten konnte, überlegte ich, wie ich meine Fahrpraxis ausbauen könnte. Alle Ideen, die mir dazu einfielen, notierte ich auf einem Blatt Papier. Eine Variante fand ich am plausibelsten. Ich wollte mich bei einem Pizzabringdienst bewerben, um mit einem Kurierauto umherfahren zu können. Über meine Notizen gebeugt, äußerte ich laut den Wunsch, dass ich gerne ein Auto zu Übungszwecken zur Verfügung hätte.

Aus dem Pizzaausfahren wurde nichts, da ich etwa zwei Wochen später einen Job in einem Fotostudio bekam.

Der Weg dorthin war recht weit und hätte mit Bus und Bahn einige Stunden pro Tag in Anspruch genommen. In dem Vorstellungsgespräch äußerte der Chef aber, dass er in der Tiefgarage einen kleinen Geschäftswagen stehen hätte.

Nachdem geklärt war, dass ich die Stelle antreten würde, ging er mit mir hinunter in die Garage, um mir das Auto vorzuführen, und übergab mir für eine kleine Probefahrt den Autoschlüssel. Nervös startete ich das Auto. Die letzte Fahrstunde lag schon einige Monate zurück. Die ersten Meter über wurde der alte Herr aufgrund des falsch eingelegten Gangs gut durchgeschüttelt, und er fragte unsicher, ob ich wirklich Auto fahren könne. Trotz seiner Zweifel stellte er mir den Wagen zur Verfügung. Stolz wie Oskar erkundete ich in den Wochen darauf das rheinländische Verkehrsnetz.

Der Schrei der Stummen

Während eines anderen Arbeitsverhältnisses in einem Kölner Fotofachlabor wünschte ich mir eine neue Freundin. Eine junge Frau aus dem Labor fiel mir auf, weil sie oft und lautstark ihre Meinung kundtat und sich keine Ungerechtigkeiten gefallen ließ. Damals war ich so schüchtern und zurückhaltend, dass es mir schwerfiel, mit Unbekannten Unterhaltungen zu beginnen. Still ging ich meiner Arbeit nach und hielt mich in den Pausen oft im Hintergrund. Aber glücklicherweise hatte die junge Frau sich das Ziel gesetzt, mich aus der Reserve zu locken, und sprach mich an. Als der Bann zwischen uns gebrochen war, begann eine fröhliche Zeit und wir lachten viel miteinander. Eines Tages im Frühling spazierten wir durch den Kölner Bahnhof, wo hektische Menschen, mit Koffern und Taschen bepackt, eilig an uns vorbei- und gegen die Zeit liefen, Ich fragte meine neue Freundin, ob sie das Buch von der kleinen Räubertochter kenne, die den Frühling immer mit einem lauten Schrei begrüße. Diesen Schrei wollte ich ihr demonstrieren und stieß unüberlegt ein kurzes, lautes Gebrüll aus. Meine Freundin sah mich einen Augenblick irritiert und mit offenem Mund an und brach in lautes Gelächter aus. Über den Frühlingsschrei, den ausgerechnet ich rausgebrüllt hatte, die sich vorher noch nicht mal getraut hatte, sie anzusprechen, konnten wir noch etliche Jahre lachen.

Neue Kontakte

In einer anderen Zeit machte ich mir darüber Gedanken, dass ich gerne mit behinderten Menschen im Kontakt kommen wollte, um einen Einblick in deren Welt zu bekommen.

Behinderte Menschen leben in unserer Gesellschaft häufig ausgegrenzt, und im normalen Alltag kam ich mit diesen Leuten kaum in Kontakt. Daher entschloss ich mich, mir eine Tätigkeit mit Behinderten zu suchen. Auf einen Anruf in einem Wohnheim hin erklärte man mir, dass dies nicht so einfach möglich sei, da ich keinerlei Ausbildung in dem Bereich vorweisen könnte. Davon ließ ich mich jedoch nicht beirren. Irgendeine Beschäftigungsmöglichkeit, bei der kleinere Arbeiten zu verrichten waren, würde es sicherlich geben.

Einige Tage später fiel mir ein kleines Inserat auf, in dem eine Begleitperson für einen Schulbus, der behinderte Kinder transportierte, gesucht wurde. Ich wählte die Nummer, wurde zu einem Gespräch eingeladen und bekam die Stelle, die eine große Bereicherung für mich war. Als ich das erste Mal durch das große Schulzentrum geführt wurde, in dem sich Kinder und Jugendliche mit körperlichen und geistigen Gebrechen aus der gesamten Region aufhielten, kam ich aus dem Staunen nicht mehr heraus. Ich kam mit Kindern und Jugendlichen in Kontakt, die teilweise vom Schicksal hart getroffen waren, aber ihren Lebensmut nicht verloren hatten. Während wir jammernd und sorgenvoll unserem Alltag nachgingen, lebten diese, von uns oft so mitleidig angesehenen Menschen fröhlich und liebevoll miteinander.

Zuvor hatte ich mir wenig Gedanken darüber gemacht, wie viele Menschen mit gravierenden Behinderungen leben. Diese Erfahrung war Gold wert, lehrte sie doch, dass Menschen in schlimmsten Lebenslagen voller Freude leben können und sich nicht ständig über ihr schweres Los beklagen.

Auf der Suche nach Arbeit und einer Bleibe

Als ich einige Jahre später wieder einmal auf der Suche nach einer neuen Herausforderung war, überlegte ich, wie ich bis zum Finden einer neuen Stelle vorübergehend durch kleinere Tätigkeiten Geld verdienen könnte. Eine Fernsehreportage machte mich darauf aufmerksam, dass in nächster Umgebung viele wohlhabende Menschen lebten und sich darunter etliche alleinstehende Rentner befanden. Sicherlich würde der ein oder andere Hilfe benötigen, dachte ich mir und gab ein entsprechendes, pfiffiges Inserat in der Tageszeitung auf. Die Reaktionen fielen besser aus, als ich erwartet hatte. So erhielt ich den Auftrag einer alten Dame, einige Wochen ihr Haus zu hüten, während sie in eine Herzklinik musste. Bevor dieses Arbeitsverhältnis zustande kam, erhielt ich überraschenderweise ein anderes Arbeitsangebot in meiner Berufssparte, was ich vorzog.

In einer Phase, in der ich dringend übergangsweise eine Bleibe suchte, erzählte mir meine Patentante, dass sie Freunde in einer Kölner Villengegend hätte, die gerade im Urlaub waren und noch jemanden zur Betreuung ihrer Katzen suchten. Telefonisch wurde alles abgeklärt und tags darauf brachte mich der Sohn der Familie zu meinem Übergangszuhause: eine Villa mit Swimmingpool, offenem Kamin und Partykeller. Man gönnt sich ja sonst nichts.

All diese Erlebnisse zeigten mir, dass einem doch immer wieder Türen und Tore offenstehen, wenn man nur die Hoffnung nicht aufgibt, die Augen offen hält, Initiative zeigt und Gelegenheiten beim Schopf packt.

Morbus Crohn / Colitis Ulcerosa

oder: Geh dahin, wo du hergekommen bist

Dass etwas nicht stimmte, äußerte sich durch tagelangen, nicht enden wollenden starken Durchfall, und oft fühlte ich mich müde und schwach. Da sich keine Besserung einstellte, schickte mich meine Mutter zum Arzt. Dieser überwies mich nach einer Kontrolluntersuchung ohne Umschweife in ein Krankenhaus. Der Arzt dort erklärte ruhig, dass ich mich nur einer harmlosen dreitägigen Kontrolluntersuchung unterziehen müsste.

Nach etlichen Blutuntersuchungen und einer Darmspiegelung wurde die Krankheit Morbus Crohn in fortgeschrittenem Stadium diagnostiziert. Bei dieser Krankheit sind Teilbereiche des Darmes entzündet und je nach Befall und Schweregrad müssen einzelne Darmstücke entnommen, ein künstlicher Darmausgang gelegt und im schlimmsten Fall ein Großteil des Darms entfernt werden. Die entzündeten Stellen verursachen wahnsinnige Schmerzen, und aufgrund des Durchfalls gehen wertvolle Nährstoffe verloren. Dementsprechend müde, schwach und kraftlos fühlt man sich oft. Glücklicherweise befanden die Ärzte in meinem Fall, dass mit dem künstlichen Ausgang noch etwas gewartet werden könnte. Dank der Medikamente ging der Durchfall zurück, doch ich begann aufzuschwemmen. Das Gesicht, das mir aus dem Spiegel entgegensah, ähnelte bald einem großporigen Hefeteig.

Nach anfänglichem Schock fanden meine Eltern über Empfehlungen den vermeintlich besten Heilpraktiker aus der gesamten Bodenseeregion. Dieser sollte mir einen alternativen Weg aufzeigen und mir dabei helfen, von den starken Medikamenten loszukommen. Seine Nahrungsmitteltests ergaben, dass ich auf beinahe alle Lebensmittel allergisch reagierte und mich mein Leben lang ausschließlich von Kartoffeln und Fisch ernähren dürfe. Prost Mahlzeit!

Leben oder Sterben?

Mein Körper war mittlerweile schon so geschwächt, dass ich in eine spezielle Naturheilklinik eingeliefert wurde. Zu diesem Zeitpunkt brachte ich mit meinen damals siebzehn Jahren nur noch an die 35 Kilogramm Körpergewicht auf die Waage. Wie schlimm es um mich bestellt war, realisierte ich damals gar nicht. Auf den Ernst der Lage machte mich der Stationsarzt aufmerksam, indem er mir die Frage stellte, ob ich leben oder sterben wolle. Diese Entscheidung könne nur ich allein treffen und von der Antwort hinge es ab, wie es weiterginge. Zuerst war ich wie vor den Kopf gestoßen. Nach langem Nachdenken kam ich zu dem Ergebnis, dass es zu banal sei, einfach so zu sterben und sich aus dem Leben zu verdrücken, und entschied mich vorerst für ein Weiterleben. Das Sterben konnte ja jederzeit nachgeholt werden.

In dieser Naturheilklinik bekamen die Patienten je nach Krankheitsbild einen speziellen Ernährungsplan aufgestellt. Bei mir dauerte es eine Weile, bis ich wieder mit Freude Nahrung aufnehmen konnte, zu Anfang bekam ich aufgeschlagene Sahne mit Früchten, was mir oftmals Übelkeit verursachte.

Dann kam die Zeit, in der der rege Appetit wieder erwachte. Ehrlich, ich hatte Heißhunger und Essenslust, und es gab hauptsächlich Rohkost, Gemüse und irgendwelche Körner. Etliche Nächte lang träumte ich von Spaghetti Bolognese und gegrilltem Hühnchen. Die Qual wurde groß. Eines Tages nahm ich den Bus in den Ort und kaufte mir in einer Grillstube ein halbes Hähnchen. Das wollte ich nicht lieblos an der Straße essen, sondern mir im Krankenzimmer schmecken lassen, und so machte ich mich auf die Rückfahrt. Die Packung mit dem Hähnchen hatte ich unter meiner Lederjacke versteckt, und unschuldig wie ein Lamm schaute ich die verwundert blickenden Patienten an, die mir auf dem Weg begegneten. Ich wäre nie auf die Idee gekommen, dass jemand den himmlischen Grillduft bemerken würde, und könnte mich heute noch darüber kaputtlachen, dass ich annahm, keiner hätte meine »Schandtat« bemerkt. Tags darauf wunderte ich mich, dass mir der Arzt Wunschkost verordnete. Jetzt durfte ich mir für jeden Tag Essen nach meinen Wünschen zusammenstellen lassen, auch mit Fleisch.

Doch noch weitere Jahre hatte ich mit schmerzhaften Entzündungsschüben zu kämpfen. Den Ärzten war unklar, ob es sich um das Krankheitsbild Morbus Crohn oder Colitis Ulcerosa handelte. In beiden Fällen entzündet sich der Darm, jedoch an unterschiedlichen Stellen.

Für mich persönlich machte es keinen Unterschied, ob die Entzündungsherde 30 Zentimeter weiter oben oder unten angesiedelt waren. So oder so waren die Schmerzen unerträglich, und damals machte ich die bisher schwerste Phase meines Lebens durch. Es standen noch etliche Krankenhausaufenthalte an und weiterhin traten Entzündungsschübe auf, die mit starken Medikamenten – und ihren hässlichen Nebenwirkungen – behandelt wurden.

Viele Jahre über begleiteten mich starke Schmerzen und ich versuchte so gut als möglich, durchzuhalten. Oft saß ich während der Arbeitszeit, mich vor Schmerzen krümmend, auf der Toilette, und während Bahnfahrten lief mir oft vor Erschöpfung und Pein der Schweiß von der Stirn. Ein Entzündungsschub war so stark, dass ich über mehrere Monate das Haus nicht verlassen konnte. Noch immer wollte ich mich nicht geschlagen geben, wollte mein Leben nicht von dieser Krankheit beherrschen lassen. Mut und immer wieder neuen Optimismus zog ich mir aus Büchern. Meine Oma half mir mit Tipps und Hinweisen über schonende Ernährung.

Was probierte ich nicht alles aus. PH-Werte wurden kontrolliert, mit Öl gegurgelt, gereinigtes Petroleum geschluckt, lindernde Kamille- und Lebertraneinläufe getätigt und allerlei Heilmittel geschluckt. Immer im festen Glauben, dass irgendein Wundermittel eines Tages den gewünschten Erfolg bringen würde. Das Einzige, was ich vehement ablehnte, war die Eigenurintherapie, die sollten andere ausprobieren.

Hilf dir selbst!

Als mit Mitte 20 ein erneuter Entzündungsschub mit starken Schmerzwellen heranrollte, entschied ich mich, eine Selbsthilfegruppe zu besuchen – in der Annahme, Betroffene wüssten aufgrund ihrer Erfahrungen die besten Tipps. Der hoffnungsvolle Besuch wurde zum heilsamen Schock. In erster Linie bemitleideten sich die Betroffenen gegenseitig. Statt sich über mögliche Heilpraktiken zu unterhalten, gaben sie den Ärzten Schuld an ihrer leidvollen Situation. Eines wurde mir an diesem Abend ganz bewusst: Der einzige Mensch, der mir in meiner Situation helfen konnte, war nur ich selbst. Ich selbst hatte in der Hand, wie mein Leben weitergehen würde. Wut packte mich. Wut über viele leidvolle hinter mir liegende Jahre und all die Schmerzen, die ich erdulden musste. Damit sollte ab jetzt Schluss sein, ein für alle Mal. Mein weiteres Leben wollte ich nicht von einer Krankheit dominieren und bestimmen lassen.

Zu Hause angekommen, schlug ich auf mein Bett ein und schrie, dass nun Schluss mit dem Leiden sei und ich mich nicht für den Rest meines Lebens von dieser Krankheit einschränken lassen wolle.

Nach dem Wutausbruch hielt ich eine ruhige Zwiesprache mit der Krankheit. Ich bedankte mich für ihre lange Anwesenheit und für all das Gute, das ich von ihr erhalten hatte. Die Krankheit hatte mir ein neues Leben, eine bewusstere Lebensweise, Mitgefühl für Menschen, wunderbare Freunde und tiefe Erkenntnisse gebracht.

Ich drückte ihr meine tiefe Dankbarkeit aus und teilte ihr mit, dass ich ab sofort bereit sei, meinen eigenen Weg zu gehen und ich sie in meinem Leben nicht mehr benötigte. Sie solle in Frieden an den Ort gehen, von dem sie gekommen war.

Von diesem Tag an bildete sich die Entzündung zurück, die Blutwerte verbesserten sich zusehends, und seitdem habe ich keinerlei Medikamente mehr aufgrund von Darmentzündungen einnehmen müssen.

Stattdessen entwickelte sich mein Bauch zu einem wertvollen Berater. Sobald sich Bauchschmerzen einstellen, weiß ich, schon bevor mein Kopf es wirklich versteht, dass etwas nicht richtig ist, dass mir eine Situation zuwider ist; und ich begebe mich auf die Suche des Übels, um bewusst Veränderungen herbeizuführen.

Der Weg ist das Ziel

oder: Zweifelhafter Erfolg

(Beruflicher Werdegang Teil 1)

Wegen meiner Krankheit musste ich vor dem Abitur für einen längeren Klinikaufenthalt die Schule abbrechen. Danach verschlug es mich als 17-Jährige ins Rheinland, wo ich fortan auf eigenen Füßen stehen musste. Das neue Leben genoss ich in vollen Zügen, und alle bisherigen Sorgen und Ängste waren wie weggeblasen. Die Sonne schien durchgehend zu strahlen und dementsprechend gut war oft meine Laune. Es war wie eine Erlösung. Oft wunderte ich mich über mich selbst. Vieles hätte ich mir selbst nur ein halbes Jahr zuvor nicht zugetraut. Immer wieder begegneten mir auf dem Weg liebevolle Menschen, die mir halfen, mich unterstützten und zu langjährigen treuen Freunden wurden.

Anfangs arbeitete ich bei einer gut situierten Familie in einem Kölner Villenviertel als Hausmädchen. Ihre Luxuswelt betrachtete ich mit staunenden Augen. Jedes der drei Kinder hatte ein eigenes durchgestyltes Zimmer, die Hausherrin hatte ein Ankleidezimmer, größer als mein früheres Jugendzimmer, der Fensterputzer fuhr in einem schicken Sportwagen vor, und für ein Silvesteressen wurde eigens ein Butler engagiert, mit dem ich gemeinsam das Essen servierte. Leider war mein Gesundheitszustand noch nicht stabil, und nach einem halben Jahr musste ich die Tätigkeit aufgrund eines erneuten Klinikaufenthaltes aufgeben.

Danach stellte mir meine Freundin in Köln für ein halbes Jahr ein Zimmer in ihrer Wohnung zur Verfügung. Sie ist eine von vielen guten Freunden, die mich von Herzen unterstützen und denen ich noch heute dankbar bin. Danach durfte ich das Zimmer des Partners einer weiteren Glücksengelfreundin beziehen. Auch er kümmerte sich rührend um mich und bei ihm verbrachte ich eine glückliche Zeit.

Wie der Hamster im Rad

Von hier aus startete ich meine berufliche »Karriere«. Ursprünglich wollte ich Fotografin lernen, doch es gab keine Ausbildungsplätze. So begann ich eine Ausbildung zur Fotolaborantin, in der Hoffnung, später daran anzuknüpfen und doch noch Fotografin zu werden. Doch in dem Jahr, in dem ich meinen Abschluss machte, wurden Fördergelder für eine Zweitausbildung gestrichen. Vorerst arbeitete ich in diversen Fotolaboren, mit dem Ziel, so viel wie möglich zu lernen. In der Freizeit ging ich weiter meinem Hobby, der Fotografie nach. So vergingen mehrere Jahre. Irgendwie kam ich nicht so richtig vom Fleck und fühlte mich oft wie ein Hamster im Rad. Das Berufsleben hatte ich mir anders vorgestellt. Die Arbeiten waren teilweise eintönig, da digitale Technik immer mehr das Handwerk ersetzte. Weitere Jahre vergingen wie im Fluge. Mehrmalige Versuche, eine Umschulung bewilligt zu bekommen, scheiterten. Dann kam mir zu Ohren, dass man aufgrund von gesundheitlichen Unverträglichkeiten am Arbeitsplatz Anspruch auf eine Umschulung hätte. Das sah ich als meine große Chance. In meiner Verzweiflung steckte ich meinen rechten Arm bis zur Schulter in einen Behälter mit einer flüssigen Fotochemikalie. Dann starrte ich ängstlich auf den Arm und hoffte, dass sich nicht jeden Moment die Haut vom Arm lösen und höllische Schmerzen eintreten würden. Weit gefehlt. Nichts geschah, rein gar nichts. Kein einziger verfluchter roter Punkt ließ sich sehen. Umschulung, ade!

Die letzte Chance?

Als mein 30. Geburtstag immer näher rückte, traf ich eine Entscheidung. Wenn ich noch einen Richtungswechsel wollte, dann musste ich ihn zügig einschlagen. Mittlerweile wusste ich, dass man nach einem Jahr Arbeitslosigkeit Anspruch auf eine Umschulung hatte. Zufällig verlor ich meinen damaligen Job, und wie durch Geisterhand gesteuert bekam ich mehrere Monate lang keinerlei Arbeitsangebote zugesendet, die ich hätte annehmen müssen. Es war so weit. Ich suchte mir in Absprache mit dem Arbeitsamt eine geeignete Schule für eine Umschulung und meldete mich an. Zwar hätte ich eigentlich das Abitur dafür gebraucht, aber glücklicherweise wurde auch meine Ausbildung für die Aufnahme anerkannt. Ich atmete auf. Bisher hatte alles wie geplant geklappt. Der Kurs sollte in wenigen Wochen beginnen, und es fehlte nur noch die Kostenübernahmeerklärung des Amtes. Die Arbeitsberaterin kam nicht in Schwung und ich befürchtete, dass mein Vorhaben aufgrund ihrer Trägheit scheitern könnte. Da die Umschulung meine letzte Hoffnung auf eine berufliche Neuorientierung war, setzte ich verzweifelt einen Brief an die höchstmögliche Stelle auf: Ich schrieb direkt den zuständigen Minister an. Wenn schon, denn schon.

In dem Brief führte ich detaillierte und plausible Begründungen auf, warum ausgerechnet ich Anspruch auf genau diese Umschulung hätte. Die Antwort ließ keine zwei Wochen auf sich warten. Mit vor Nervosität zitternden Fingern öffnete ich den Brief und verstand zuerst den Inhalt nicht. Ich las ihn ein zweites Mal. Man teilte mir mit, dass die Finanzierung der Umschulung geklärt war und ich sofort beginnen könne.

Unglaublich! Unter lautem Freudengeheul tanzte ich durch die Wohnung. Allen skeptischen Meinungen und allen Zweiflern zum Trotz war ich meinen Weg gegangen und hatte mein Ziel erreicht. Zwei Jahre später steckten die Prüfungsdokumente mit akzeptablen Noten in meiner Tasche und zum ersten Mal in meinem Leben war ich stolz auf meine Leistung.

Selbstständig glücklich?

Bundesweit waren zu dieser Zeit viele Mediengestalter und Grafiker ausgebildet worden, die beinah zeitgleich mit mir auf den Arbeitsmarkt drängten. Mit Anfang 30 war ich als Berufsanfängerin nicht mehr die Jüngste, daher war ich zunächst nicht wählerisch, sondern nahm unterschiedliche Jobs an. Die Arbeit als Medienberaterin in einer Druckerei beglückte mich nicht, ich wollte kreativ tätig sein und weder Drucksachen am Telefon verkaufen noch Druckmaschinen bedienen.

Um mich für die Position einer Grafikerin zu bewerben, fehlte mir jedoch Berufserfahrung. So entschloss ich mich schweren Herzens, selbstständig zu arbeiten, um mir auf diesem Weg Erfahrungen anzueignen. Ich beantragte beim Arbeitsamt einen Existenzgründerzuschuss. Der Arbeitsberater riet mir, mich zu beeilen, denn genau diese Förderung sollte in exakt zwei Wochen auslaufen, und bis dahin müsse ich alle nötigen Unterlagen bei der Städtischen Industrie- und Handelskammer eingereicht und von dieser bestätigt haben.

Nach Besuchen bei diversen Informations- und Beratungsstellen schien alles immer komplizierter zu werden. Doch ein guter Freund, der diese Prozedur schon hinter sich hatte, schickte mir seine Unterlagen als Vorlage, und ich paste sie meinem Profil an. Ein Zertifikat über die Teilnahme eines Existenzgründungsseminars, das außerdem verlangt wurde, konnte ich ebenfalls vorweisen, da ich glücklicherweise genau so einen Kurs zufällig einige Monate zuvor belegt hatte. Nervös trat ich mit gepackten Unterlagen den Gang zur Handelskammer an.

Alles vorbei?

In einem kleinen Büro saß hinter einem imposanten Schreibtisch ein Herr in fortgeschrittenem Alter. Er kontrollierte die Unterlagen mit kritischem Blick und brummelte etwas Unverständliches in seinen Bart. Dann sagte er mit gerunzelter Stirn, dass die Aufzeichnungen falsch wären und er diese Dokumente keinesfalls akzeptieren könne. Mir sank das Herz in die Hose und ich starrte mutlos vor mich hin.

Der ältere, streng aussehende Herr blickte mich durch seine Brille hindurch an und sagte dann in seinem rheinländischen Dialekt, dass wir das jetzt mal alles ganz anders machen würden. Er nahm ein neues Formular zur Hand, trug irgendwelche Zahlen ein und meinte grinsend, nun habe alles seine Richtigkeit, er könne dieses Formular akzeptieren und unterzeichnen. Wie auf Wolken verließ ich wenige Minuten später mit dem Bescheid in der Tasche das Gebäude und konnte mich in die Selbstständigkeit stürzen.

In aller Eile erstellte ich mir eine hübsche Website, entwickelte ein Logo und bestellte einen Satz Visitenkarten. Inkognito trat ich vor einer renommierten Werbeagentur als Kundin auf und tippte nach dem Erhalt eines Angebotsschreibens eifrig die Angaben ab und fügte meinen Namen ein.

Die nächste Frage, die sich stellte war: Wie komme ich an Aufträge? Hübsch zurechtgemacht klapperte ich diverse Firmen ab und bot mutig meine Dienstleistung als Grafikerin an. Bei den ersten Besuchen befürchtete ich, ich bekäme vor Nervosität kein Wort raus. Während ich auf fremde Klingelknöpfe drückte und mit irgendwelchen Leuten Gespräche begann, sagte ich mir, dass alles nur ein großes Spiel sei. Nachdem ich eine erste freundliche Unterhaltung in einem Konferenzraum einer Finanzgesellschaft und ein Gespräch mit einem Architekten hinter mir hatte, war mein Mut schon beträchtlich gewachsen. Zeitweise machte es sogar Spaß, auf diesem Weg Menschen an ihren Arbeitsplätzen kennenzulernen.

Und dann hatte ich meinen ersten Auftrag, ohne den Kunden überhaupt zu kennen: Ein Mitarbeiter einer Immobilienfirma kannte jemanden, der zufällig gerade einen Grafiker suchte. Die gesamte Auftragsabwicklung lief über das Internet.

Es folgten nervöse Stunden und etliche Schweißausbrüche, aber schließlich war der Kunde mit dem Resultat zufrieden und ich um ein erstes Honorar und viele Erfahrungen reicher.

Heiliger Platz

oder: Ein Wunsch wird erfüllt

Mein damaliger Freund und ich teilten uns eine kleine Wohnung. Mir selbst stand ein großes, helles und freundliches Zimmer zur Verfügung. Die nötigen Möbel hatten bald ihren Platz gefunden und zu guter Letzt fehlte nur noch der Schreibtisch.

Ein Schreibtisch ist ein fantastischer Ort, an dem man sich in Fantasiewelten zurückziehen und diese in Form von Geschichten oder Zeichnungen ausdrücken kann. An diesem Ort verbirgt sich großes Glück, hier kann man in andere Welten abdriften und alles um sich herum vergessen.

Seit meiner Kindheit stand mir immer ein Schreibtisch zur Verfügung. Es war ein für mich heiliger Platz und deshalb sollte dieses Möbelstück ein ganz besonderes sein: kein billiger Tisch aus einem Werbeprospekt, sondern ein qualitativ hochwertiger und stabiler.

Speziell für diesen Tisch ließ ich die Wand vor dem Fenster frei. Dann begann ich, mir einen Tisch auszumalen. Zum einen sollte er stabil sein und mehrere Schubladen haben. Er sollte Platz für einen Computer bieten und zusätzlich eine große Arbeitsfläche für Bastelarbeiten und Zeichnungen. Immer wieder rief ich mir das Bild von dem Tisch in den Sinn und bedankte mich vorab schon einmal für seine Lieferung. Zwar entsprachen einfache Sonderangebote nicht meinem

Qualitätsanspruch und hochwertige Tische hätten mein Budget gesprengt, aber ich war davon überzeugt, dass der richtige Tisch schon zu mir finden würde.

Eines Tages rief mich meine Freundin an. Sie teilte mir mit, dass das Geldinstitut, in dem sie arbeitete, von einem anderen Unternehmen aufgekauft worden wäre. Deshalb stände für ihre Firma ein Umzug an und sämtliches Mobiliar des Gebäudes wäre in die Tiefgarage geräumt und für die Öffentlichkeit zur Abholung freigegeben worden. Eine Stunde später stand ich in der Tiefgarage. Es war schummerig und staubig und überall standen Möbel herum. Die besten Stücke hatten sich schon Angestellte unter den Nagel gerissen. Von Weitem stach mir ein Schreibtisch ins Auge. Er schien mir zuzuzwinkern und mich zu rufen.

Liebe auf den ersten Blick

Versunken ging ich auf ihn zu und betrachtete ihn nachdenklich. Sanft strich ich über seine Tischplatte und begann gedankenverloren einzelne Schubladen heraus- und wieder hineinzuschieben. Dabei verspürte ich ein Glücksgefühl in der Bauchgegend. Er schien zu sagen, dass er genau der Richtige für mich sei.

Es war ein massives großes Möbelstück und beinahe unversehrt. Leider hatte ich die Maße meines Zimmers nicht parat, und ich hatte nicht damit gerechnet, solch einen riesigen Tisch vorzufinden. Meine Freundin und ihr Freund, die mir mit einem Lieferwagen beim Transport helfen wollten, rieten mir ab. Ich solle besser einen kleineren Tisch nehmen, dieser würde nicht in das Zimmer passen. Aber ich wollte genau diesen haben. Da der Tisch massiv war, war er auch entsprechend schwer. Mit viel Mühen und Ächzen wuchteten wir ihn in den Lieferwagen, in den er gerade so hineinpasste.

Während der Fahrt drückte ich mir die Daumen, dass alles gut ausgehen würde. 30 Minuten später waren wir am Ziel angekommen und schleppten gemeinsam den Tisch in die Wohnung. Wieder schien mir der Tisch verschmitzt zuzublinzeln, als er sich haargenau in die für ihn vorgesehene Lücke schieben ließ. Wäre die Tischplatte nur zehn Zentimeter breiter gewesen, hätte er nicht hineingepasst. Sein fades Braun erinnerte an ein tristes Büroleben, weshalb ich ihm mit fröhlichen Lackfarben einen neuen Anstrich gab. Und noch heute, rund 15 Jahre später, sitze ich glücklich an genau diesem Schreibtisch.

Merlin, das Zwergkaninchen

oder: Ein Glücksstein

Bestandteil der Ausbildung zur Mediengestalterin war ein halbjähriges Praktikum. In dieser Phase, während ich meine Kenntnisse über Computer- und Drucktechniken erweiterte, erwachte mein Interesse für Heilsteine.

Meine Oma schickte mir oft zu festlichen Anlässen verschiedene Steine. Als ich jeweils über deren Wirkungen nachlas, war ich immer wieder verblüfft. Die Steine passten zu den jeweiligen Zipperlein, die mich gerade plagten. Oma schien ein Gespür dafür zu haben. Fasziniert betrachtete ich die Steine genauer und wollte noch mehr über sie in Erfahrung bringen.

Der Ausbilder in der Druckerei war ein freundlicher Mann, doch immer wieder stöhnte er freudlos über seine Arbeit. Eventuell könnte ja der passende Stein seine Laune heben, dachte ich und schenkte ihm einen Bergkristall, der schon etliche Zeit in meiner Hosentasche verbracht hatte und für mich ein Glücksbringer war. Obwohl der Ausbilder nicht an solche Dinge glaubte, freute er sich über das kleine Geschenk und steckte sich, breit übers ganze Gesicht grinsend, den Stein in die Hemdtasche. Als ich mich selbst kurz darauf in einer schwierigen Situation befand, bot er mir an, mir den Glücksstein zurückzugeben. Ich antwortete lachend, dass ich überzeugt davon sei, das Glück könne auch auf einem anderen Weg zu mir finden. Er solle den Stein behalten, schließlich sei es ein Geschenk.

Kaninchen gefunden!

Einige Tage später schlenderte ich über einen Flohmarkt in der Nähe unserer Wohnhäuser. Kurz vor dem Markt hatte sich an einem Weg eine Menschentraube gebildet. Der Grund war ein kleines Kaninchen, das dort ruhig am Wegesrand saß und genüsslich am Gras knabberte. Es störte sich nicht an den Menschen um sich herum und während es vor sich hinmümmelte, beobachtete es mit großen dunklen Augen seine Umgebung. Es musste sich um ein verirrtes Haustier handeln, ein wildes Kaninchen hätte sofort Reißaus genommen. Wir müssen dein Zuhause wiederfinden, dachte ich, nahm das Kaninchen vorsichtig hoch und steckte es unter meine Jacke.

Das Herz des Häschens pochte laut und heftig, aber es beruhigte sich schnell, und meine Wohnung war nicht weit entfernt. Dort angekommen setzte ich das Kaninchen auf dem Bett ab. Prompt verrichtete es erst einmal seine Notdurft darauf. Also bekam es einen provisorischen Unterschlupf auf der Terrasse, wo es in der Nachmittagssonne genüsslich Möhren kaute – ein dankbarer Gast!

Am liebsten hätte ich das Tier behalten, wäre da nicht der Gedanke gewesen, dass sicherlich ein tieftrauriges Kind gerade bitterlich um sein Häschen weinte.

Ich setzte mich an den Computer und druckte Flyer aus: Die Besitzer des Kaninchens bekämen es zurück, wenn sie eine genaue Beschreibung des Tiers liefern könnten. Die Flyer klebte ich an Bäume in der Nähe meines Kaninchen-Fundorts. Von einer Frau in einem angrenzenden Garten bekam ich den Tipp, dass eine Familie in der Nähe ein Kaninchen hätte – vielleicht sei das ja ausgebüxt. Weil am besagten Haus keiner öffnete, klebte ich einen Flyer auf die Haustür und fuhr nach Hause. Ich hatte zwar noch den Großteil meiner Flyer in der Tasche, aber mein inneres Gefühl sagte mir, dass die Besitzer des Häschens gefunden waren.

Tatsächlich rief mich abends eine Frau an, deren Stimme sich vor Aufregung überschlug. Sie sei mit ihrer Familie von einem Tagesausflug zurückgekommen und die Kinder hätten sofort den Zettel an der Haustür entdeckt. Ihre Tochter habe schon den ganzen Morgen über den Verlust des Kaninchens, das übrigens Merlin hieß, geweint. Als die Frau das Tier beschrieb, gab es keinen Zweifel, dass es sich um die Besitzerin handelte. Ich gab ihr meine Adresse und kaum 20 Minuten später standen die Frau und ihre Tochter auf der Fußmatte. Andächtig nahm das Mädchen ihren Hasen liebevoll in ihre Arme. Als Dankeschön bekam ich ein selbst gebasteltes Papierschächtelchen in die Hände gedrückt.

Als ich hineinsah, entdeckte ich dort etwas Geld und – zwei Heilsteine: ein großer Rosenquarz und ein kleinerer Lapislazuli. Für mich war klar, dass mit diesen beiden neuen Glückssteinen meine schwierige private Phase gut ausgehen würde.

Und die Geschichte hatte mich nachdenklich gemacht: Einen Glücksstein hatte ich verschenkt und kurz darauf zwei andere bekommen. Künftig wollte ich genauer auf solche vermeintlichen Zufälle achten.

Geschenkpaket

oder: Was man gibt,
bekommt man zurück

Es war das Jahr 2002 und Weihnachten stand mal wieder vor der Tür. In den prachtvollen Einkaufsstraßen glitzerte und duftete es. Herausgeputzte Geschäfte luden mit ihren mit bunten Päckchen dekorierten Schaufenstern verführerisch zu Weihnachtseinkäufen ein.

Meine Schwester und ich hatten abgemacht, dieses Jahr am Konsumrummel nicht teilzunehmen und auf gegenseitige Geschenke zu verzichten. Obwohl wir den Entschluss zwischenzeitlich schon fast wieder bereut hatten – es musste ja nichts Teures sein, im Gegenteil, kleine Aufmerksamkeiten, die von Herzen kommen, genügen oft schon, um jemanden zu beglücken – hielten wir uns an die Abmachung.

Einige Tage nach Weihnachten telefonierten wir miteinander. Auf meine Frage hin, ob sie schöne Weihnachtsgeschenke bekommen hätte, erzählte sie von einem tollen 3-D-Puzzle, das sie auf ihren Wunsch hin von ihrem Mann geschenkt bekommen hatte. Wegen des vage enttäuschten Untertons in ihrer Stimme fragte ich sie, ob sie lieber ein normales Puzzle bekommen hätte, so eines wie wir früher als Kinder hatten.

Spontan bejahte sie diese Frage aus tiefstem Herzen. Erst vor Kurzem hatte ich genau solch ein Puzzle geschenkt bekommen. Es lag unbenutzt und schmollend in seiner Originalverpackung irgendwo zwischen jeder Menge Kram in einem

Regal. Kurzerhand schickte ich das Puzzle meiner Schwester. Einige Tage später rief sie an und bedankte sich überschwänglich. Mit dem Puzzle hatte sich ein großer Wunsch von ihr erfüllt und sie wollte mir nachträglich ihre noch offenstehende komplette Weihnachtswunschliste zuschicken. Bei mir würde das mit den Wunscherfüllungen immer so gut klappen.

Die Weihnachtsfrau

Ich fühlte mich wie die Weihnachtsfrau persönlich. Die Wunschliste, die ich einige Tage später in den Händen hielt, entlockte mir ein breites Grinsen. Dort waren keine utopischen Dinge jenseits von Gut und Böse aufgeführt, sondern banale Alltagsgegenstände wie Kerzen, Krimis, Musik-CDs, Hörspiele und Kosmetik. Der höchstdotierte Posten war ein Discman. Nach einer Minute Nachdenkens wurde mir klar, dass alle Gegenstände der Liste kaum benutzt oder neu in irgendwelchen Schubladen oder Kisten lagerten: Hörbücher, einmal gelesene Krimis, sogar Bücher ihres Lieblingsautors, außerdem Kerzen und Kosmetik. Liebevoll verpackte ich alles in hübsches Geschenkpapier und versah die Päckchen mit bunten Schleifen und dekorativen Anhängern. Mein Mann, der die Prozedur amüsiert beobachtete, steuerte einen Discman bei. Am Ende hatte ich alle Wünsche meiner Schwester als erledigt abgehakt. Die würde vor Staunen sicherlich große Augen machen. Mit Vorfreude und einem nervösen Kribbeln in der Magengegend brachte ich das Paket auf den Weg. Ich konnte es kaum abwarten und war so aufgeregt, als bekäme ich eine Überraschung, nicht meine Schwester.

Zwei Tage später schrie meine Schwester zur Begrüßung so laut ins Telefon, dass ich mich fragte, ab welcher Lautstärke einem wohl das Trommelfell platzte. Sie jubelte, dass ich verrückt sei, und ihre Freude fühlte sich herrlich an.

Noch eine Wunschliste

Diese Geschichte erzählte ich meiner Freundin und erwähnte beiläufig, dass ich selbst das ein oder andere brauchen könne: Kochtöpfe, Tischsets, Teetassen und andere banale Haushaltsgegenstände. Meine Freundin meinte, ich solle alles aufschreiben, da sie vieles in ihrem Haushalt doppelt habe, es lagere ungenutzt in Kartons.

Ich schrieb eine Wunschliste. Und da ich schon mal dabei war, notierte ich schließlich alles, was mir an Wünschen einfiel – ganz nach dem Motto: wenn schon, denn schon. Meine Küchenausstattung war kläglich und je mehr Gedanken ich mir machte, desto mehr fiel mir ein. Nach und nach wuchs eine ansehnliche Liste heran.

Zwei Wochen später lud mich meine Freundin zu sich nach Hause ein, sie hätte eine ganz besondere Überraschung. Ich fragte mich, was sie vorhatte. Als ich bei ihr war, begriff ich erst nicht. Sie nickte schmunzelnd in Richtung zweier vollgepackter Umzugkartons. Ich war wie vom Donner gerührt. Sie hatte meine Wünsche an Freunde weitergeleitet, und diese hatten die Kartons gefüllt. Fein säuberlich waren alle meine Angaben auf einem Blatt aufgeführt und als erledigt abgehakt. In den Kartons fanden sich hübsche Tischsets, ein hochwertiges Teeservice, Vasen, Töpfe, Kerzen mit passenden

Kerzenständern, Pfannen, Auflaufformen, Salatschüsseln und weiteres Allerlei für die Küche. Der krönende Abschluss: eine Fototasche, die ich mir schon längere Zeit gewünscht hatte. Viele Gegenstände waren in ihren Originalverpackungen. Es fühlte sich an, als wären Geburtstag, Ostern und Weihnachten auf einen Tag gefallen.

Mir kam die Redewendung »Was man gibt, erhält man doppelt zurück« in den Sinn. Und manchmal sogar mehr als das Doppelte.

Blütezeit

oder: Ein Engel in der Yuccapalme

Auf einem Markt hatte ich eine Yuccapalme erworben. Mit einiger Mühe – da ich mit dem Fahrrad unterwegs war – schleppte ich sie nach Hause. Dort topfte ich sie liebevoll um und behandelte sie fortan wie einen Freund. Die Palme teilte meine Stimmungen und Launen. Genauer gesagt blieb ihr gar nichts anderes übrig. Wenn es mir gut ging, ging es auch der Yucca gut. Ging es mir hingegen schlecht, brach für die Pflanze eine große Dürrezeit an. Dann ließ sie traurig ihre verkümmerten Blätter hängen und litt still vor sich hin. Oft war es fraglich, ob sie diese harten Zeiten überleben würde. Doch die Palme war zäh und rappelte sich immer wieder auf. Ihre Willenskraft war erstaunlich, und wir überstanden zusammen mehrere Umzüge und erlebten einige gemeinsame Jahre. Sie war zu einem treuen Freund und stillen Zuhörer geworden. Stolz ragte sie in einer Zimmerecke empor und nahm an meinem Leben rege teil. In ihrer ruhigen Art vermittelte sie Optimismus und Durchhaltevermögen.

Eines Tages erwachte in mir eine Vorliebe für Engel. Auf Friedhöfen fotografierte ich Engel, und in Büchern las ich über ihre Kräfte. Zu gerne wollte ich solch einem Engel begegnen und von seinem Wissen profitieren. Abends beim Zubettgehen kniff ich die Augen zusammen und stellte mir durch die Schlitze einen Engel in der Yuccapalme vor. Irgendwo mussten schließlich die Engel stecken, von denen immer wieder in den Büchern erzählt wurden. Diesen Gedanken hielt ich so lange fest, bis ich mir einbildete, tatsächlich einen Engel in der Palme zu sehen. Er kauerte zwischen den schmalen langen Blättern, hatte ein klassisches weißes langes Kleid an und große, hell strahlende Flügel. Blonde, lange, lockige Haare umsäumten sein zierliches und hübsches Gesicht.

Dieses Fantasiespiel wiederholte ich einige Abende lang. Nicht nur, dass ich mir seine Gestalt in der Palme vorstellte, ich begann auch mit ihm zu kommunizieren. Während ich dem Engel still Fragen stellte, beobachtete ich, was mir daraufhin für Antworten in den Sinn kamen.

Geheimnisvoller Blütenduft

Eines Tages fiel mir aus einem Augenwinkeln heraus ein ungewöhnlicher Strang an der Pflanze auf, als ich an ihr vorbeiging. Grüne, runde Knollen hingen daran. Was war denn das? Bisher hatte die Palme noch nie solche Knollen gebildet. Eines weiteren Morgens wurde ich von einem süßlichen, feinen Duft geweckt, der durch die gesamte Wohnung zog.

Schnuppernd steckte ich die Nase in die Luft und atmete tief durch. Das musste der große Fliederbusch auf unserer Terrasse sein, der zu blühen begann. Als auch einem Freund der intensive Duft auffiel, begann ich mich zu wundern, warum mir dieser Duft nicht schon früher in den vergangenen Jahren des Blühens aufgefallen war. Ich ging auf die Terrasse, um endlich die Fliederblüten zu bewundern, deren Duft so betörend war. Doch was war denn das? Da stand gar kein

Fliederbusch. Erstaunt starrte ich in die leere Ecke. Das war ja allerhand. Plötzlich fiel mir wieder ein, dass wir den Fliederbusch im Herbst zuvor hatten abholzen müssen, weil der dem Anbau der Terrasse im Weg gestanden hatte. Das hatte ich komplett vergessen, als ich den Blütenduft dem Fliederbusch zugeordnet hatte.

Auf der Suche nach der Quelle des Duftes ging ich durch die Wohnung und ließ meinen Blick schweifen, bis er an meiner treuen Yuccapalme hängen blieb. Die grünen Knollen waren alle aufgesprungen und hatten weißen, kleinen Blüten Platz gemacht. Sie waren zierlich und sternenförmig angeordnet. Gelbe Blütenstempel ragten keck aus den Blüten hervor und sorgten für Farbtupfer.

Als hätten sie sich abgesprochen, waren alle Blüten gleichzeitig aufgesprungen. Entzückt hielt ich meine Nase vorsichtig in die Staude und wähnte mich im nächsten Moment im Paradies. Der Duft der Blüten übertraf alles, was ich bis dahin an Blütenduft wahrgenommen hatte. Wie gebannt blieb ich still vor der Pflanze stehen und betrachtete die Blütenstaude ausgiebig und nachdenklich. Hatte hier vielleicht der Fantasieengel seine Finger im Spiel gehabt?

Seltsame Dame

oder: Das Leben ist das beste Drehbuch

In der Zeit, in der ich mehr und mehr begann zu beobachten, wie meine Gedanken und meine Erlebnisse zusammenhingen, sah ich mir den Kinofilm »Finding Forrester« mit Sean Connery in der Hauptrolle an. In der Geschichte geht es um einen verschrobenen Schriftsteller, der zurückgezogen in einer schummerigen, schmuddeligen Wohnung mit einer riesigen Bibliothek in New York lebt und einem Schüler hilft, sein literarisches Talent zu entwickeln. Den Film noch im Kopf, faszinierte mich die Vorstellung, einen solchen Sonderling kennenzulernen, der sich von der Gesellschaft abgegrenzt hat und zurückgezogen lebt.

Einige Tage später erzählte mir eine Bekannte von einer Dame, die besondere Fähigkeiten habe. Sie mache keinerlei Eigenwerbung und man käme ausschließlich durch Mundpropaganda mit ihr in Kontakt. Um was für Fähigkeiten es sich handle, blieb im Dunkeln. Angesichts von so viel Geheimniskrämerei war meine Neugierde natürlich geweckt und ich bat die Bekannte um die Telefonnummer der Dame. Hocherfreut ging ich nach Hause – einen Notizzettel mit der besagten Telefonnummer in der Tasche. Dieses Zettelchen steckte ich in meine übervolle Ablage auf dem Schreibtisch. Normalerweise wäre ein so kleiner Zettel dort schnell in Vergessenheit geraten. Nicht so dieser. Es war wie verhext. Wenn ich wichtige Unterlagen benötigte, fand ich sie garantiert erst nach einer längeren Suche, doch der kleine Zettel machte ständig auf sich aufmerksam, indem er mir in die Hände fiel. Einmal beobachtete ich, wie er mir wie in Zeitlupe regelrecht entgegenflatterte. Es hätte nur noch gefehlt, dass er wie ein Kolibri mit seinen Papierflügelchen schlug.

Das beeindruckte mich so sehr, dass ich nicht mehr an einen Zufall glauben wollte und mutig zum Telefonhörer griff. Nach einem vereinbarten Termin stand ich wenige Tage später vor der Haustür der geheimnisvollen Dame. Das Haus war ein normales Mehrfamilienhaus in einer kleinen Querstraße in der Nähe des Stadtzentrums, wenige Schritte vom Rhein entfernt. Nur zögerlich drückte ich die Klingel. Was für eine Erklärung sollte ich für mein Kommen abgeben? Sollte ich etwa sagen, dass ein kleiner Zettel, der mir immer und immer wieder vor die Nase gefallen war, Ursache meines Besuchs sei? Der Türöffner summte, und als ich zögernd die ersten Treppen hochgegangen war, sah ich auf dem obersten Treppenabsatz eine pummelige und sympathisch aussehende Frau mittleren Alters in einem buntem Gewand.

Déjà-vu

Sie begrüßte mich huldvoll als »Engel in ihrem Haus«. Ich musste lächeln. Erst einige Wochen zuvor war meine Vorliebe für Engel erwacht, vielleicht hatte ein Engel meine Yuccapalme zum Blühen gebracht, und jetzt wurde ich selbst so betitelt. Was will man mehr. Noch verwundert über die Begrüßung trat ich in die Wohnung. Verblüfft sah ich mich um. Das konnte doch nicht wirklich wahr sein! Eine schummerige und etwas schmuddelige Wohnung tat sich vor mir auf. Die Wände waren teilweise nikotingelb und als ich einige Zeit später auf die Toilette ging, malte ich mit einem Finger ein Herz in den schwarzen Belag, der mit Sicherheit viel Zeit gehabt hatte, um sich genüsslich auf dem Toilettenkasten abzulagern. Wie lang es wohl her war, dass diese Toilette einen Putzlappen gesehen hatte? Es konnte sicherlich nicht schaden, vorsichtig zu sein, und auch ein nachträglicher Blick in die Küche ließ nicht gerade ein heimeliges Gefühl aufkommen. Die Fenster des Wohnzimmers waren mit dicken dunkelgrünen Vorhängen umrahmt und ich fragte mich, bei welchen Anlässen sie wohl zugezogen würden. Die Bücherregale im Wohnzimmer quollen vor Lesematerial beinahe über, und weitere Bücher standen zu hohen Türmen auf dem Fußboden gestapelt.

In einer Zimmerecke stand eine schlichte Liege, die sich nach einer Erklärung als Behandlungsliege entpuppte. Die Liege schien das einzige saubere Objekt in der ganzen Wohnung zu sein, und die Dame erklärte, dass sie manchmal selbst darauf schliefe.

Fußhohe Pyramiden, die geheimnisvolle Gegenstände verbargen, standen verteilt auf dem Boden und in einigen Regalen. Ich rätselte, was sich wohl unter ihnen verbarg, traute mich jedoch nicht, nachzufragen. Verschiedene Objekte wie Steine und Statuen lagen auf den Regalen, und ein großes Bildnis von Jesus hing an der Wand. Dieser schien den ganzen Raum mit strengem Blick zu überwachen. Die Dame lud mich zu sich an einen kleinen Tisch direkt vor dem Fenster ein. Ich setzte mich auf einen etwas wackeligen alten Holzstuhl und betrachtete die farbenfroh bestickte Tischdecke. Es muffelte etwas und gelbliche Gardinen versperrten den Blick nach draußen. Eine dampfende Teekanne stand bereit und die Frau füllte die Teegläser.

Wegen ihrer herzlichen Worte war alle Unsicherheit innerhalb kurzer Zeit von mir abgefallen. Wir unterhielten uns munter und sie schien einen großen Mitteilungsdrang zu haben.

Komprimiert erzählte sie mir ihre Lebensgeschichte. Ursprünglich kam sie aus Süddeutschland und hasste seit ihrer Kindheit die Kehrwochen wie die Pest. Damals hätte sie die Entscheidung getroffen, sich nicht mit Nebensächlichkeiten wie Putzen aufzuhalten. Diesen Entschluss hatte sie zweifelsohne wahr gemacht! Anfangs nippte ich äußerst vorsichtig und skeptisch am Tee, doch mit der Zeit wollte ich mich nicht weiter mit Ekelgedanken belasten und überlegte, dass ich an etwas Dreck sicherlich nicht sterben würde.

Beeindruckende Geschichten

Die Frau hatte einen köstlichen Humor. Sie erzählte unter anderem, dass Menschen aus der ganzen Welt zu ihr anreisten und sich von ihr behandeln ließen. Vielen hätte sie schon geholfen und sie geheilt. Nach längeren Erzählungen begann sie mir aus den Händen zu lesen und mir ihre Karten zu legen. Sie erzählte treffsicher aus meinem bisherigen Leben und fasziniert lauschte ich ihren Worten.

Die Erzählungen wurden immer geheimnisvoller, und ungläubig hörte ich ihr zu. Ich war nicht sicher, was ich von ihr und ihren Erzählungen halten sollte, aber sie waren so abenteuerlich, dass ich nicht anders konnte, als laut loszulachen. Doch sie ließ sich davon nicht beirren. Noch heute frage ich mich, was wohl an den Geschichten dran war. Ganz genau erinnere ich mich, dass sie sagte, ich sei ein Engel und auf die Erde gekommen, um Botschaften zu übermitteln. Sollten dies Botschaften in Form von Geschichten sein, die ich eines Tages schreiben würde?

Jedenfalls beeindruckte mich dieser Nachmittag stärker als so mancher Film. Als ich verstohlen auf die Uhr sah, stellte ich erschrocken fest, dass schon über zwei Stunden vergangen waren und hoffte, kein horrendes Honorar berappen zu müssen. Weit gefehlt, die Dame wollte nur das von mir nehmen, was ich zu geben bereit war, und erklärte, dass alles Nötige zu gegebener Zeit den Weg zu ihr finden würde. Vergnügt verabschiedeten wir uns, und munter und gut gelaunt sprang ich die Treppe hinunter.

Dabei wurde mir bewusst, dass mir gerade ein Wunsch erfüllt worden war, den ich wenige Wochen zuvor geäußert hatte.

Ich hatte ein Abenteuer wie in einem Film erlebt – und das direkt vor meiner Haustür und ohne große Anstrengung. Solche Geschichten und Erlebnisse jenseits unseres durchstrukturierten Alltags liegen oft direkt vor unserer Nase. Es liegt an jedem selbst, ob er sie sieht oder nicht. An diesem Tag nahm ich mir vor, zukünftig aufmerksamer zu beobachten, was der Alltag bietet. Wenn ein kleiner Zettel für solch ein Erlebnis sorgen konnte, was für Abenteuer könnten sich dann noch vor mir auftun?

Geflügelter Helfer

oder: Eine himmlische Wohnung

Eine Abschlussprüfung stand an, und dafür musste ich eine Menge Lernmaterial durcharbeiten. Prüfungsangst und der sich stetig nähernde Prüfungstermin machten mich nervös und unruhig. Es ging auf die Zielgerade zu, und meine Stimmungen fuhren Achterbahn.

In dieser turbulenten Zeit erzählte mir eine Bekannte von der neuen Pflegekraft ihrer Mutter. Die junge Frau sei eine hübsche und sympathische Studentin. Sie sei alleinstehend und ihr sei die Idee gekommen, dass wir die Studentin einem befreundeten Single vorstellen könnten und sich daraus eventuell eine Liebesbeziehung oder bestenfalls sogar eine Hochzeit ergeben könnte. Dankbar für diese Abwechslung in meinem Prüfungsstress ließ ich mich auf die Verrücktheit ein. Das Leben sorgt letztlich zwar selbst dafür, wer mit wem zusammenkommt und wer nicht, aber warum dem Glück nicht ein bisschen auf die Sprünge helfen. So arrangierte ich gut gelaunt einen gemeinsamen Tanzabend, zu dem ich die Studentin persönlich abholte. Für sie ging die Rechnung nach dem Fest tatsächlich auf. Für mich auch, allerdings völlig anders, als ich mir es in den kühnsten Träumen hätte vorstellen können: Nicht unser Freund verliebte sich Hals über Kopf in diese Frau, sondern mein Mann. Er erklärte mir wenige Tage später, dass er seine Traumfrau gefunden hätte und mit ihr den Rest seines Lebens verbringen wolle. Seine Entscheidung sei endgültig und daran sei nicht zu rütteln.

Ich fühlte mich wie in einem billigen Groschenroman. Solch einen Wunsch hatte ich keineswegs geäußert. Auch wenn wir uns in einer schwierigen Phase befanden und ich selbst schon einige Male eine Trennung in Erwägung gezogen hatte, gab ich unserer Ehe weiterhin Chancen. Jetzt stand ich vor einer vollendeten Tatsache. Von einem Moment zum nächsten brach für mich eine Welt zusammen. Hinter uns lagen sowohl gute als auch schlechte Zeiten, und immerhin hatten wir beinahe zwölf Jahre miteinander verbracht.

Von einem auf den anderen Tag allein dazustehen, löste große Angstgefühle in mir aus.

Wir klärten, dass ich bis zur Prüfung in unserer gemeinsamen Wohnung bleiben könnte, damit ich mich ausschließlich auf das Lernen konzentrieren könnte. Ich fühlte mich hundsmiserabel, wenn mein Mann nach Hause kam, denn ich war mir darüber im Klaren, dass er bei dieser anderen Frau gewesen war. Glücklicherweise stellte mir eine Freundin, die gerade für einige Wochen im Urlaub war, spontan ihre Wohnung zur Verfügung. Ihre Nachbarin übergab mir den Wohnungsschlüssel und ich zog vorübergehend ein. Die Wohnung war hübsch und lag mitten im Grünen. Hier konnte ich in den folgenden Wochen Kraft tanken und zur Ruhe kommen. Dann näherte sich der Urlaub der Freundin seinem Ende, und ich musste mich mit dem Gedanken anfreunden, bald wieder zurück in die gemeinsame Wohnung zu gehen.

Das verursachte mir kalte Übelkeit. Ich wollte überallhin, nur nicht dorthin zurück.

Ein Engel auf Wohnungssuche

Ich musste aktiv werden. Ein bestimmtes Stadtviertel war schon seit einigen Jahren ein favorisiertes Wohngebiet von mir, und wenn ich nun schon ausziehen musste, wollte ich mir gezielt dort eine neue Bleibe suchen. Schnell stand ein erster Besichtigungstermin an. Es war eine Wohnung in perfektem Zustand, doch sie war düster und der Blick aus dem Wohnzimmerfenster zeigte eine graue, schmutzige Hauswand auf der gegenüberliegenden Straßenseite. Das Angebot kam überhaupt nicht infrage.

Abends begann ich ein inneres Zwiegespräch. Stand mir nicht ein Engel zur Seite, der erst vor Kurzem die Yuccapalme zum Blühen gebracht hatte? Ihm schilderte ich meine missliche Lage und erklärte, dass ich mich mitten in den Prüfungsvorbereitungen befände, emotional die Trennung und die damit verbundenen Ängste durchstehen musste und mich zu erschöpft fühlte, gleichzeitig auch noch nach einer Wohnung zu suchen. Ich bat den Engel um Hilfe und darum, schon einmal vorauszufliegen und nach einer kleinen, geeigneten Wohnung Ausschau zu halten. Ein hübsches Zimmer, in dem ich mich wohlfühlen könnte und Ruhe zum Lernen hätte, wäre vorerst als Übergang genug. Diese stumme Bitte schickte ich gen Himmel.

Als ich mich am nächsten Wochenende auf ein Wohnungsinserat meldete, wurde ich zu einem Besichtigungstermin wenige Tage später eingeladen. Der Vermieter führte mich mit einem weiteren Interessenten durch ein altes Backsteinhaus. Es war einst ein stattliches altes Herrenhaus, in dem eine wunderschön geschwungene Holztreppe nach oben führte.

Als wir vor der Tür des zu vermietenden Apartments standen, sah ich an der Türklinke einen silbernen Engel hängen. Er war aus Weißblech gearbeitet und hatte vergnügt seine Beine nach hinten geschlagen, während er munter in eine Trompete blies. Sonnenstrahlen, die gerade durch ein Flurfenster hereinbrachen, brachten den Engel zum Glänzen.

Der Vormieter hatte ihn sicherlich vergessen. Da es mitten im Sommer war, handelte es sich jedenfalls nicht um einen Weihnachtsengel.

Vertrauter Wegweiser

Sprachlos starrte ich den Engel an, der sanft an der Tür hin und her schwang und breit zu grinsen schien. Ich fühlte eine wohlige Wärme und war mit einem Mal nicht mehr so einsam. Noch bevor wir das Apartment betreten hatten, war ich sicher, dass dies mein zukünftiges Zuhause werden würde. Ich schickte ein stilles Dankesgebet Richtung Himmel und fühlte Vorfreude in mir aufsteigen.

Das kleine Apartment hatte alles, was zum Leben nötig war. Dusche, WC und eine kleine Küchenzeile. Der Wohnraum war mit Holzdielen ausgelegt und hoch genug, um ein Hochbett aufstellen zu können. Ein großes Fenster gab den Blick hinunter in den schön angelegten Garten mit Blumen, Büschen und Bäumen frei. Das Zimmer strahlte Ruhe und Frieden aus. Hier würde ich mich wohlfühlen!

Der Vermieter entschied sich für mich, und aus der angedachten Zwischenlösung wurden schließlich fünf Jahre.

Wut

oder: Wenn die Zwangsjacke droht

Warum schien es so vielen Menschen gut zu gehen und bei mir wollte und wollte sich keine Harmonie einstellen. Immer wieder bedauerte ich mich von Herzen. Manchmal wurde ich darüber richtiggehend wütend, machte mir jedoch kein Bild davon, wie groß der Wutbrocken war, der tief in meinem Innersten schlummerte. Doch ich sollte ihn noch kennenlernen.

Nachdem sich mein Mann für einen neuen Lebensweg entschieden hatte, stürzte ich in ein tiefes Trauertal und war verzweifelt. Von dieser Krise wollte ich mich bei aller Verzweiflung jedoch nicht unterkriegen lassen, schließlich stand meine Abschlussprüfung bevor, für die ich einen klaren Kopf benötigte. Eine neue kleine Wohnung und damit einen ruhigen Ort zum Lernen hatte ich immerhin gefunden. Mein »Noch-Mann« (mittlerweile Exmann!) hatte mir zugesichert, handwerkliche Arbeiten in meiner neuen Wohnung zu übernehmen, wenn es nötig wäre. Als er mich zu diesem Zweck das erste Mal besuchte, wies er darauf hin, dass seine Traumfrau ein Händchen für Kosmetik und Styling hätte und ich jederzeit zu einer Beautyberatung willkommen sei.

Er hatte sich immer gewünscht, dass ich meine Weiblichkeit mehr betonen sollte, und häufig geseufzt, aus mir werde niemals eine richtige Dame. Ich machte mir wenig aus Kosmetik, und Kleidung musste für mich vor allem praktisch sein.

Bisher konnte ich ihm seine Entscheidung nicht einmal verdenken, doch diese Einladung war eindeutig fehl am Platz. Völlig vor den Kopf gestoßen, war ich unfähig, etwas zu entgegnen. Ich fühlte, dass hier irgendwas ganz und gar falschlief, konnte es aber nicht in Worte fassen. Wie konnte er ernsthaft in Erwägung ziehen, dass ich mich gut gelaunt bei seiner neuen Frau in eine Kosmetikbehandlung begeben würde?! Diese »Einladung« hatte eine Sprengung in meinem tiefsten Inneren zur Folge, die einen Krater öffnete und glühende Brocken der Wut herausschleuderte. In der Nacht träumte ich, dass mein Mund voller Stecknadeln und Blut war und ich unfähig war, ein Wort zu äußern, denn dann hätten sich die Nadeln umso tiefer ins Fleisch gebohrt. Am übernächsten Tag begann eine schwere Blasenentzündung mich mit schrecklichen Schmerzen zu quälen. Weil sich die Entzündung mit Alternativheilmitteln nicht mehr eindämmen ließ, musste ich zu Antibiotika greifen. Damit ging die Entzündung zwar zurück, doch an ihrer Stelle traten aufgrund einer Medikamentenunverträglichkeit Darmblutungen auf. Von dieser erneuten Attacke gebeutelt, erholte sich mein Körper nur langsam. Als alles überstanden war, atmete ich erleichtert auf.

Verpiss dich!

Einige Wochen darauf kam mein Mann ein zweites Mal, um noch etwas vorbeizubringen. In der darauf folgenden Nacht weckte mich erneut ein verdächtiges Ziehen im Unterleib. Ich konnte es nicht glauben! Der Rat eines guten Freundes kam mir in den Sinn. Ich solle das nächste Mal, wenn ich wütend wäre, die Wut rauslassen und keinesfalls in mich hineinfressen. Das Ziehen im Unterleib wurde stärker und meldete eindeutig den Anzug einer weiteren Blasenentzündung an.

Erst einige Tage zuvor hatte mir eine Freundin vorgelesen, dass eine Blasenentzündung auch ein Zeichen für ein »Verpiss dich!« sein könne – und in Gedanken schoss ich meinen Mann mit einem kräftigen Tritt auf den Mond.

Anstatt die Wut in mir ein weiteres Mal in Form einer Blasenentzündung gegen mich selbst zu richten, wollte ich die Emotionen auf andere Art und Weise entladen. Empfehlungen, die mir mit auf den Weg gegeben wurden, waren beispielsweise, Holz zu hacken oder laut zu brüllen. Es war mitten in der Nacht und in dem hellhörigem Haus wollte ich nicht laut herumschreien, vor allem nicht um diese Uhrzeit. Stattdessen entschied ich mich spontan, mein Gartenbeet umzugraben, diese Aufgabe musste sowieso noch erledigt werden. Hoch motiviert wollte ich aus dem Bett springen und mich anziehen, als mein Blick auf den Wecker fiel, der am Bettende stand. Gerade sprang die digitale Uhranzeige auf Punkt drei Uhr. Zum Fenster strahlte ein großer, kreisrunder Vollmond herein und tauchte das Zimmer in sanftes, helles Licht. Ich stellte mir vor, wie ein durch die Geräusche aufgeschreckter Nachbar mich fragen würde, was ich nachts um drei im Garten täte, und ich wahrheitsgemäß antwortete, dass ich das Beet umgrabe, um einer Blasenentzündung vorzubeugen. Bei dieser Vorstellung brach ich in lautes Gelächter aus, das ich angesichts der dünnen Wände rasch in meinem Kopfkissen erstickte. Und da ich das Risiko, von weiß gekleideten, unbarmherzigen Männern in eine Zwangsjacke gesteckt zu werden, lieber nicht eingehen wollte, verschob ich die Gartenaktion sicherheitshalber auf den nächsten Tag. Da grub ich dann am Morgen unter Kampfgesängen und von Herzen kommenden lauten Flüchen und Verwünschungen das Beet um, bis ich Blasen an den Handflächen hatte und das T-Shirt klatschnass an meinem Rücken klebte. Die Aktion brachte die erwünschte Wirkung. Es war befreiend, richtiggehend erlösend und von einem Ziehen im Unterleib keine Spur mehr.

Opfer oder Täter?

Trotz aller Wut war ich mir damals bewusst, dass es nichts brachte, jemand anderen für meine Situation verantwortlich zu machen. Es lag an mir, mit den Gefühlen klarzukommen, was mit der Gartenaktion hervorragend geklappt hatte. Die ganze Geschichte ließ mich als bemitleidenswertes Opfer dastehen. Als solches hatte ich mich auch gefühlt.

Da ich mich jedoch schon länger damit beschäftigte, wie man mit Gedanken die Realität beeinflussen kann, dachte ich über meine Verantwortung bei der Sache nach.

Siedend heiß fiel mir ein, dass ich ein knappes Jahr zuvor auf der Terrasse gesessen und mich ernsthaft gefragt hatte, ob ich auf diese Art und Weise alt werden wolle. Unser Eheleben hatte sich mit der Zeit zu einem öden Alltagstrott entwickelt, und schon länger lebten wir nebeneinander her. Ehrlich gesagt hatte ich mich an diesem besagten Nachmittag gefragt, wie es wäre, wenn die Polizei mir die traurige Botschaft überbringen würde, dass mein Mann bei einem tödlichen Autounfall umgekommen sei. Diese Gedanken fand ich erschreckend, vor allem, weil ich mir – zugegebenermaßen – meine Reaktion auf die tragische Nachricht eher kühl vorstellte. Auch in Gesprächen mit guten Freundinnen hatte ich immer wieder meine Unzufriedenheit mit meiner Ehe zur Sprache gebracht und Trennungsgedanken geäußert.

So gesehen hat mir mein Mann mit seiner Trennung eine Entscheidung abgenommen, denn für den letzten Schritt hatte mir der Mut gefehlt. Die plötzliche Veränderung, das Chaos und die damit einhergehenden Emotionen hatten für viele Tränen gesorgt, doch letztlich hatte mir nichts Besseres passieren können.

Außerdem ermöglichte diese Krise mir einen Neuanfang – eine Lektion, auf die ich von da an zurückgreifen konnte: Jeder schwierige Prozess birgt auch Potenziale für Neues und Besseres.

Vorsicht mit dem Wünschen

oder: Wenn Träume zu Albträumen werden

Die Vorstellung, dass wir mit Gedanken unser Leben gestalten können, ist faszinierend, ein Traum, ein wahr gewordenes Märchen: Wir denken intensiv an etwas und lassen es so zur Realität werden. Wir müssen dieses »Gedankenwerkzeug« nur bewusst einsetzen. Da viele Menschen nicht von der Kraft ihrer Gedanken wissen, katapultieren sie sich unwissentlich von einer selbst gemachten Katastrophe in die nächste. Zurückblickend ist alles, was ich mir von Herzen gewünscht hatte, eingetroffen. Aber unter diesen Herzenswünschen waren auch etliche unbewusste, die meine Realität in Richtungen veränderten, die ich mir nicht gewünscht hatte – eine bittere Erfahrung. Zusammenhänge zwischen meinen Gedanken und der Realität habe ich jedoch erst nach den negativen Erlebnissen erkannt. Diese Lektionen führten dazu, dass ich Wünsche heute aufmerksamer formuliere.

In der schwierigen Zeit der Scheidung standen mir unter anderem eine gute Freundin und ihre Familie zur Seite. Dieser Freundin erklärte ich damals, dass jetzt, da meine Ehe schon zu Ende gegangen wäre und ich ungebunden sei, nun auch die Gelegenheit nutzen wolle. Ich wollte von einem festen Partner vorerst nichts wissen und wünschte mir nur eins: Ich wollte erleben, wie sich guter Sex anfühlt. Sie wissen schon, Liebe machen, multiple Orgasmen zu bekommen, das Gefühl, wie eine Rakete abzugehen und den Himmel auf Erden zu erleben.

All diese Romane, die von heißen Affären und leidenschaftlichen sexuellen Begegnungen erzählten, konnten doch nicht ausschließlich fiktiv sein, in allem steckt doch ein Funken Wahrheit. Genau so eine leidenschaftliche Romanze wie in kitschigen Filmen oder Liebesromanen wollte ich jetzt erleben. Meine Ehe war auf einem freundschaftlichen Fundament aufgebaut gewesen, mir hatte irgendetwas gefehlt. In der neuen Singlezeit wollte ich der Trauer und Enttäuschung nicht allzu viel Raum geben und konzentrierte mich daher relativ zügig auf die neuen Wünsche.

Neben dem Gedanken an eine Affäre bereitete mir der Computer Kopfzerbrechen. Um technische Probleme hatte sich bisher ausschließlich mein Mann gekümmert. Kurzerhand baute ich meine Gedanken noch weiter aus: Mein künftiger Liebhaber sollte sich mit Computern auskennen und sich am besten auch noch für Musik interessieren. (Mit meinem Exmann waren fast alle CDs aus unserem Haushalt verschwunden, die meisten gehörten nämlich ihm.)

Computerfachmann mit CD-Sammlung als Liebhaber gesucht

Weil ich mich in den ersten Trennungswochen einsam und verzweifelt fühlte, nahm ich aller vorangegangenen Abneigung zum Trotz zum ersten Mal an einem Internetchat teil.

Tatsächlich entwickelten sich in der digitalen Welt sehr schnell Gespräche und schon bald konnte ich die abendlichen

»Treffen« von meinem Schreibtisch aus kaum erwarten. Viel Freude bereitete mir insbesondere ein Mann, der mich mit seinem humorvollen Schreibstil oft zum Lachen brachte. Meine düstere Welt begann sich zu lichten und wurde heller und heller. Nächtelang schrieben wir uns, manchmal so lange, bis die Vögel zum Sonnenaufgang zwitscherten. Tagsüber war ich voller Vorfreude und Erwartung auf das nächste abendliche Treffen. So ging das einige Wochen, bis ich den Wunsch verspürte, diesen Mann kennenzulernen. Ich war neugierig, wer sich hinter der Maske verbarg, so viel Wortwitz und Feingefühl für geschriebene Sprache hatte und mich immer wieder zum Lachen brachte.

Wir verabredeten uns zu einem Konzert. Es war mein erstes Blind Date, und ich war wahnsinnig aufgeregt. Als ich mir an der Bar ein Getränk abholte und neben mir ein attraktiver Mann saß, wurde ich so nervös, dass mir nacheinander erst das Feuerzeug, dann die Schachtel Zigaretten und zu guter Letzt noch etliche Geldstücke auf den Boden fielen. Ich spürte, wie mir die Schamesröte ins Gesicht stieg, so peinlich war mir die Situation – dabei handelte es sich bei dem Mann gar nicht um die erwartete Verabredung.

Meine Chat-Bekanntschaft und ich hatten uns im Vorfeld nur vage beschrieben und uns schlussendlich auf dem Konzert verpasst. Als ich unverrichteter Dinge und frustriert zu Hause war, griff ich zum Telefonhörer, und das Missverständnis konnte schnell geklärt werden. Kurz entschlossen verabredeten wir uns noch in einer Altstadtkneipe. Dort saßen wir eine halbe Stunde später an einem kleinen Tisch und unterhielten uns nach wenigen Minuten ungezwungen. Der

Mann war von Beruf Programmierer, seine Leidenschaft galt der Musik und er besaß einen köstlichen Humor. Noch am selben Abend gingen wir zu ihm, um Musik zu hören. In den Tagen darauf wurde mein großer Wunsch erfüllt und auch die folgenden Wochen fühlte ich mich wie in einem Traum. Ich genoss das Leben und holte vieles nach.

Wenn ich von meinem neuen Liebhaber aus mit dem Fahrrad nach Hause fuhr, stand hin und wieder vor dem Kiosk nebenan eine Gruppe Männer, die mir häufig mit grinsenden Gesichtern grüßend zunickten. Hinter meiner rosafarbenen Brille freute ich mich über ihre Freundlichkeit. Als uns ein Nachbar auf die Hellhörigkeit des Hauses aufmerksam machte und eines nachts sogar jemand an die Tür hämmerte und um Ruhe bat, wollte ich im ersten Augenblick unsichtbar werden und vor Peinlichkeit im Boden versinken. Doch eine rosafarbene Glasglocke schien über mich gestülpt zu sein, denn die Außenwelt nahm ich nur gedämpft wahr. Die Welt war schön, so wie sie war. Auf merkwürdige Weise hatte ich den Bezug zur Realität verloren. Meine Wünsche waren eins zu eins erfüllt worden. An diesem Punkt hätte ich die Geschichte dankbar beenden und in guter Erinnerung behalten sollen. Doch diesen Traum wollte ich nicht mehr loslassen.

Hätte ich auf die vielen Warnschüsse gehört und diese Beziehung beendet, dann wäre mir der zweite Teil der Geschichte erspart geblieben.

Der Mann übte eine enorme Anziehungskraft auf Frauen aus und war dem schönen Geschlecht auch in keiner Weise abgeneigt.

Am liebsten hätte er sich als Scheich mit seinen Damen umgeben. Er machte keinen Hehl daraus und hatte mir sein Bedürfnis nach Freiheit von Anfang an unmissverständlich zu verstehen gegeben. In meiner Eitelkeit hatte ich mir eingebildet, ihn für mich allein gewinnen zu können, und merkte irgendwann, dass ich doch bald eine von mehreren Damen war. Ich musste erst an meine äußerste Leidensgrenze getrieben werden, um dem Spiel ein Ende zu machen.

Lange litt ich unter dieser Situation. Es ist unglaublich, mit welcher Ausdauer und Intensität man sich selbst Leid zufügen kann. Vielleicht hätte ich dies alles vermeiden können, wenn ich vorher genauer über meine wirklichen Wünsche nachgedacht hätte.

Als i-Tüpfelchen ein Autounfall

oder: Schrammen bringen Glück

Ich war frisch geschieden, mein Job entsprach nicht meinen Vorstellungen, und ich litt an den Nachwehen der krankhaften Beziehung. Ich war mit meinen Kräften am Ende. Von Beziehungen jeglicher Art hatte ich vorerst die Nase voll. Um all das hinter mir zu lassen, wünschte ich mir einen rein platonischen Freund, mit dem ich zusammen Spaß haben und lachen könnte.

Eine langjährige Freundin, die mir telefonisch zur Seite stand, gab mir den Rat, mal wieder raus unter Menschen zu gehen, um mich von den Problemen abzulenken. Davon wollte ich jedoch nichts wissen. Oft war ich nach den Arbeitstagen so erschöpft, dass ich schon über dem Abendessen einschlief. Eines Samstagmorgens war ich mit dem Auto auf dem Weg in die Stadt. Ich wählte anstelle der üblichen Route an der Hauptstraße entlang den Weg durch ein Wohnviertel. Ich dachte, ich könnte ein wenig die kleinen Sträßchen dort erkunden. Um einem entgegenkommenden Fahrzeug rücksichtsvoll Platz zu machen, setzte ich, nach einem kurzen Blick in den Rückspiegel, das Auto zurück. Den üblichen Schulterblick hatte ich entgegen meiner Gewohnheit wohl vergessen. Prompt hörte ich einen lauten Schrei hinter mir. Verwundert blickte ich mich um und sah zu meinem Entsetzen einen Vespafahrer schräg hinter mir stehen.

Das durfte nicht wahr sein. Hatte ich zu meinem Glück nun auch noch einen Unfall verursacht? Das fehlte noch. Der Rollerfahrer schob sich neben das Seitenfenster. Ihm war Gott sei Dank nichts passiert, aber über das Vorderteil seiner Vespa zog sich eine dicke Schramme, und er bestand darauf, die Polizei zu rufen. Seine Bitte nahm ich ruhig zur Kenntnis, es war ja nichts weiter passiert. Einzig der Gedanke an die anstehenden Rechnungen bereitete mir Sorgen. Wir stellten unsere Fahrzeuge an den Straßenrand und warteten schweigend auf die Polizei. Schnell waren zwei Beamte an Ort und Stelle, dokumentierten den Unfall mit Kameras und setzten sich in ihren Wagen, um unsere Personalien aufzunehmen. Als ich das Geburtsdatum des Vespafahrers sah, das der Polizist in seine Unterlagen notierte, lachte ich den Mann an und sagte, dass wir gleich alt seien. Der Protokollant bestätigte, dass wir beide den gleichen Jahrgang hätten. Danach versanken wir alle wieder in einträchtiger Ruhe.

Illustre Gesellschaft

Die Zeit während der Protokollaufnahme fand ich merkwürdig. Es war außergewöhlich still, und ich nahm kaum Geräusche wahr, als wäre alles um uns herum abgestellt worden. Ab und zu schielte ich zu meinem Unfallopfer hinüber und fand, dass der Mann richtig gut aussah. Er sah hoch zum Himmel und meinte versonnen, es sei doch merkwürdig, dass es gleichzeitig regnete, während die Sonne schien. Daraufhin blickten alle zum Himmel und wieder war es still. Bis der Protokollant nach einer Pause meinte, dass ihm das auch seltsam vorkäme. Weitere stille Minuten vergingen, in denen wir gemeinsam dem Naturschauspiel zusahen. Dann stieg der Polizist aus dem Auto und hielt mir auf Beamtendeutsch eine Moralpredigt. Auf dem Strafzettel, den er mir aushändigte, war nur ein äußerst geringes Bußgeld vermerkt.

Nachdem geklärt war, dass mir der Vespafahrer in den kommenden Tagen die Rechnung der Werkstatt nach Hause bringen wolle, verabschiedeten wir uns alle voneinander.

Auch der andere Polizist, der bis dahin noch kein einziges Wort gesprochen hatte, stieg aus, um uns nacheinander die Hand zu reichen und sich herzlich zu verabschieden. Die Situation erinnerte an eine Comedyszene. Wir waren nur vier Menschen, doch das gegenseitige Händeschütteln und die freundlichen Verabschiedungsworte schienen kein Ende zu nehmen.

Abends überlegte ich mir, den Mann, wenn er mir die Rechnung vorbeibringen würde, zum Essen einzuladen. Als ungefähr zwei Wochen später mein Vespafahrer vor der Haustür stand, lud ich ihn zu einer Tasse Tee ein. Er hatte wenig Zeit, doch den Tee nahm er dankend an. Wir saßen an dem kleinen Tisch, plauderten noch mal über den skurrilen Abschied nach dem Unfall und duzten uns schon nach einem kurzen Wortwechsel. Als er sich eine halbe Stunde später verabschiedete und in seine schwarze Lederjacke schlüpfte, begann ich verzweifelt in Gedanken einem Gänseblümchen die Blütenblätter auszureißen, wobei ich mich abwechselnd fragte, ob ich den Mut aufbringen würde, ihn einzuladen, oder nicht. Mir war zum Heulen zumute, denn ich ahnte schon, dass ich es nicht schaffen würde. Während ich noch mit mir rang, stand der Besucher schon auf der Türschwelle und wandte sich noch ein Mal zu mir um. Das war die letzte Gelegenheit, und ich hätte mich in den Hintern beißen können, weil ich die Worte nicht über die Lippen brachte. Ich traute meinen Ohren nicht, als ich ihn plötzlich fragen hörte, ob ich nicht Lust hätte, in den nächsten Tagen mal mit ihm essen zu gehen. Verdutzt sagte ich zu, wir vereinbarten einen Termin, und er ging. Ich bemühte mich, die Lachsalve zurückzuhalten. Erst als die Haustür wieder geschlossen war, platzte ich mit dem angestauten Gelächter laut heraus.

Zwei Wochen später saßen wir in einem orientalischen Restaurant. Da wir damit beschäftigt waren, aus mehreren exotischen Speisen Menüteller zusammenzustellen, wollte ein Gesprächsfluss nicht so recht in Gang kommen. Die erste halbe Stunde verlief stockend. Wir waren beide äußerst vorsichtig, und allmählich begann ich mich zu fragen, ob der Knoten an diesem Abend noch platzen würde. Dann entschuldigte sich der Typ für einen Toilettengang. Er war ein großer Kerl und sah mit seinem kahl rasierten Kopf verwegen aus. Als er aufstand, beugte er sich plötzlich zu mir hinunter.

Was für ein Typ …

Er fragte leise in mein Ohr murmelnd, ob ich schon einmal auf der Toilette gewesen sei. Auf die Verneinung hin raunte er weiter, dass das WC einen automatischen Lichtsensor hätte. Er sei schon einmal in den Genuss dieser technischen Errungenschaft gekommen und hätte auf genau diesem WC ein größeres Geschäft verrichten müssen. Das hätte länger als üblich gedauert und blöderweise sei dabei das Licht ausgegangen. Im Dunkeln sei es ihm jedoch unmöglich, seine Notdurft zu verrichten und er hätte die WC-Tür aufgestoßen und so lange mit den Armen herumgefuchtelt, bis das Licht wieder angegangen sei. Er habe inständig gehofft, dass kein anderer Gast hereinkäme, aber Glück gehabt. Das Licht sei angegangen, sodass er sein begonnenes Projekt zu Ende führen konnte.

Ich begann mich zu fragen, ob der Kerl noch richtig tickte und an was für einen Menschen ich jetzt wieder geraten war. Langsam wurde mir unwohl, aber Gott sei Dank waren wir in Gesellschaft. Während er mir die Story ins Ohr raunte, senkte er die Stimme. In tiefen, unheimlichen Tönen flüsterte er eindringlich, dass ihm so etwas nie wieder passieren würde und griff mit seiner rechten Hand in die Hosentasche. Er zog etwas heraus und hielt es mir mit geschlossener Faust dicht vors Gesicht. Während er langsam seine Hand öffnete und ich höchst gespannt auf den Inhalt war, sagte er, dass es nie wieder zu solch einer grotesken Situation käme, und öffnete blitzschnell seine Faust. Dann verschwand er und ließ mich am Tisch zurück. Da saß ich und musste erst einmal nach Luft schnappen. Danach folgte eine Lachlawine. In der Faust hatte eine kleine LED-Taschenlampe gelegen. Hatte ich mir nicht einen Freund gewünscht, der mich zum Lachen bringt? Den hatte ich an diesem Abend gefunden. Die Reparaturkosten für seine geliebte Vespa nahm er zum Großteil auf seine eigene Kappe und mich an einem schönen Sommertag mit auf eine Spritztour.

Friedhofsbesuch

oder: Geister, die ich rief

Seit Jahren bestimmen Ängste mein Leben, und meine größte Angst ist, eines Tages als Obdachlose auf der Straße zu landen. Einerseits war ich schon immer von Ehrgeiz getrieben, andererseits stand ich mir mit meinen Ängsten oft selbst im Weg. Dieses mentale Seilziehen spiegelt sich in ständigen Hochs und Tiefs in meinem Lebenslauf wider.

Immer wieder schalt ich mich aufs Neue, wie dumm und ungebildet ich sei, und sah mich vor meinem geistigen Auge schon halb in der Gosse sitzen. Weder Therapeuten, Familie, Freunde noch Bekannte konnten mir mit ihren tröstenden Worten helfen, diese tief verankerte Angst endgültig loszuwerden.

In einer Phase, in der es mir über mehrere Monate hinweg mental schlecht ging, wusste ich nicht, worin ich noch Freude finden könnte. Ich sah keinen Sinn mehr im Leben und dem damit verbundenen stetigen Kampf. Wofür sollte alles gut sein. Um über den Alltagskampf in unserer kaputten Welt hinweg immer älter zu werden und zu hoffen, als alte Frau nicht in ein Altenheim abgeschoben zu werden, beziehungsweise dann das Privileg zu haben, zu den gesunden Alten zu gehören, denen es dankenswerterweise möglich ist, das Leben auf der Straße einem Heim vorziehen zu können und sich für die Mahlzeiten an öffentlichen Mülleimern bedienen zu dürfen? Die Hochrechnung meines Rentenanspruchs konnte auf genau diese Zukunft schließen lassen, und diese Vorstellung empfand ich nicht als eine negative Lebenseinstellung – von wegen »Glas halb leer« –, sondern als sehr realistisch.

Eines Abends schlenderte ich tief in Gedanken versunken über den Friedhof in der Nähe meines Apartments und ließ die Stille auf mich wirken. Spaziergänge über Friedhöfe genieße ich, seit ich denken kann. Es sind ruhige Orte, an denen sich nur vereinzelt Leute aufhalten. Vor allem zu einer Tageszeit wie dieser. Keine Menschenseele war zu sehen. Die Dämmerung zog inzwischen herauf und die Grabsteine und Kreuze begannen dunkle und lange Schatten zu werfen. Hin und wieder konnte man Fledermäuse erkennen, die zwischen den Bäumen umherflitzten.

Der Gesang der Vögel klang allmählich ab, und das Rauschen der Blätter von den vielen Bäumen war immer deutlicher zu hören. Das knirschende Geräusch der Steine unter meinen Füßen schien immer lauter zu werden, und das Flackern einiger Grableuchten trug dazu bei, dass mir langsam ein wenig mulmig zumute war. Es wurde Zeit, diesen Ort zu verlassen.

Plötzlich ließ mich ein kratzendes Geräusch aufschrecken und Gänsehaut begann über meine Arme zu kriechen. Mittlerweile war es fast dunkel. Einen Augenblick lang überlegte ich, ob ich schnellen Schrittes die Anlage verlassen sollte, mein Herz pochte laut.

Geister oder Zombies?

Was für ein Quatsch, beruhigte ich mich, es seien ja wohl kaum Geister oder Zombies. Trotzdem versuchte ich angestrengt, die Fantasie im Zaum zu halten, um nicht jeden Moment ein Skelett hinter einem Grabstein hervorspringen zu sehen. Andererseits war die Vorstellung, von Angst getrieben fluchtartig den Friedhof zu verlassen, ohne zu wissen, was das Geräusch verursacht hatte, zu lächerlich. Ich nahm all meinen Mut zusammen und ging vorsichtig langsam in die Richtung, aus der das Geräusch gekommen war. Dabei starrte ich so angestrengt vor mich hin, dass meine Augen zu tränen begannen. Ich erkannte die Silhouette einer kleinen Friedhofskapelle und erblickte kurz darauf einen älteren Mann, der unter der überdachten Eingangstür saß. Tapfer ging ich auf ihn zu und fragte, ob ich mich zu ihm setzen dürfe.

Dabei sprach ich mir still Mut zu, indem ich mir versicherte, dass auch dieser Alte im Grunde seines Herzens sicherlich geliebt werden wollte und er mich nicht brutal niederschlagen und ausrauben wollte, sondern sich über Gesellschaft bestimmt freuen würde. Außerdem hatte ich mich entschlossen, alle Menschen, die mir begegneten, liebevoll zu behandeln und dabei keine Ausnahmen zu machen. Auch wenn dieser Mensch ein obdachloser Alter war, der unter dem Vordach einer Friedhofskapelle saß. Er lud mich mit einer ausholenden Armbewegung zu sich ein und sagte ruhig, dass Platz genug für zwei vorhanden sei.

Dankend ließ ich mich neben ihm auf dem Steinboden nieder und bot ihm eine Zigarette an, um meine Unsicherheit zu überspielen. So saßen wir ruhig rauchend nebeneinander, fast wie bei einer Friedenszeremonie. Der Alte war sicherlich betrunken, und vorsichtig sah ich immer wieder verstohlen zu ihm hinüber. Weit gefehlt, nüchtern nippte er an einem Plastikbecher Wasser. Seine Kleidung war etwas schäbig und dreckig, doch er roch nicht streng, und alles in allem wirkte er in seiner Gesamterscheinung für einen Obdachlosen recht gepflegt. Er fragte mich, was eine junge Frau wie ich um diese Uhrzeit auf dem Friedhof suche. Nach kurzem Überlegen antwortete ich, dass ich auf der Suche nach dem Sinn des Lebens sei. Der Alte begann zu kichern. Das Kichern schwoll an und wurde laut und lauter. Kurz darauf bog er sich unter lautem Gelächter und rang dabei immer wieder keuchend um Luft. Nachdem er sich beruhigt hatte, fragte er, wie man nur auf den Gedanken kommen könne, an diesem Ort nach dem Sinn des Lebens zu suchen. Dabei wiederholte er japsend: »Auf dem Friedhof …, nein … den Sinn des Lebens …«, und rang erneut um Luft. Bald konnte ich nicht anders als in sein Lachen mit einzustimmen. Als wir uns gemeinsam ausgelacht hatten beobachteten wir andächtig den nun endgültig dunklen Abendhimmel.

Ein Grab für zwei

Direkt vor uns war ein offenes Grab angelegt und mit einem Absperrband markiert. In meiner depressiven Verstimmung begann ich dem Obdachlosen, der sich mittlerweile als Heinz vorgestellt hatte, mein Herz auszuschütten. Ich sagte, dass ich viel darüber nachdenke, ob das Leben überhaupt noch Sinn mache und ob es erstrebenswert sei, weiterzuleben.

Das Grab im Blick, erzählte ich ihm, dass mir schon einige Male Selbstmordgedanken durch den Kopf gegangen wären, mir jedoch bisher der Mut zur Umsetzung gefehlt hätte. Der Alte erwiderte trocken, er hätte sich dies all die Jahre bis zum heutigen Tag auch noch nicht getraut und wenn ich eine gute Variante wüsste, sich auf humane Art und Weise selbst um die Ecke zu bringen, sollte ich ihm diese mitteilen.

Wir starrten beide düster vor uns hin und der Mann nickte nach einer Weile mit dem Kopf in Richtung Grab. Er brummelte, dass wir beide genug Platz in der Grube hätten. Sie wäre groß genug für uns beide. Wir könnten uns dort aneinanderkuscheln, hätten es dementsprechend immer warm und wären auch nie mehr einsam. Einen Moment lang waren wir beide ruhig und hingen unseren Gedanken nach.

Nach einigen Minuten prusteten wir wie auf Kommando gleichzeitig los. Es war eine sternenklare laue Sommernacht und ein Obdachloser und ich saßen einträchtig lachend vor einem offenem Grab, das bald belegt werden würde. Dabei tauschten wir Suizidgedanken aus und stellten uns das Bild vor, wie wir eng beieinander in dem Grab lagen. Zu köstlich.

Von einem Moment auf den anderen empfand ich das Leben nicht mehr als schlimm. Im Gegenteil, über die absurde Szene konnte ich mich kaputtlachen. Die Gesellschaft des Obdachlosen war für mich äußerst angenehm, so amüsiert hatte ich mich schon lange nicht mehr. Ich packte die Gelegenheit am Schopf und fragte ihn, was dazu geführt hatte, dass er als Obdachloser lebte. Er erzählte, dass er damals keinen Job gefunden hätte und auf meine hartnäckigen Fragen hin weiter, dass er als zu alt und nicht mehr vermittelbar gegolten hätte.

Auf die Nachfrage, wann dies denn gewesen sei, brummelte er nach einigem Nachdenken zögerlich, dass dies wohl mittlerweile schon um die 30 Jahre her sei.

Ich ließ ihm keine Ruhe und allmählich kam er in Fahrt. Er hätte damals in einer Band gespielt und gemeinsam hätten sie große Visionen gehabt. Nach und nach hätten jedoch einzelne Bandmitglieder zu Drogen gegriffen, die Band hätte sich zerschlagen und alleine hätte er schließlich nicht mit der Musik weitermachen können.

Jeder entscheidet selbst

Seine Mutter habe ihn früher ständig als einen Nichtsnutz gescholten und er selbst hätte sich schon immer wenig zugetraut. Damals, ja damals hätte er die Ausbildung in einer Gärtnerei annehmen sollen, dann wäre alles ganz anders gekommen. Doch er hätte sich für das Leben auf der Straße entschieden und ihm ginge es gut. Der Pfarrer kenne ihn seit vielen Jahren und hätte immer etwas zu essen und einen warmen Schlafplatz für ihn.

Der Mann war also selbst für seine Lebenslage verantwortlich. Er hatte sich aus freien Stücken für diesen Weg entschieden. Nichts und niemand anderes trug die Verantwortung für sein Schicksal. Er hatte es sich selbst so ausgesucht und war zufrieden damit.

Ich erkannte an diesem Abend, dass wir unserem Schicksal nicht wahllos ausgeliefert sind, sondern darauf bewusst Einfluss nehmen können. Ab jetzt wollte ich bewusst das Leben in die Hand nehmen und mich nicht weiter von Ängsten beherrschen und lähmen lassen. Mit dieser neu gewonnenen Erkenntnis ging ich an diesem Abend gut gelaunt und hoch motiviert nach Hause. Die unverhoffte Begegnung mit dem Obdachlosen war eine große Bereicherung, und es wäre sehr schade gewesen, wenn ich aus lauter Angst vor Geistern und Zombies vorzeitig die Flucht ergriffen hätte.

Weihnachten am Meer

oder: Urlaub mit dem lieben Gott

Weihnachten stand vor der Tür, doch ich verspürte in diesem Jahr keine Freude am berüchtigten »Fest der Liebe«. Piep, piep, piep, alle haben sich lieb – für mich der reine Hohn! Weder freute ich mich auf Weihnachten noch wollte ich bemitleidet oder getröstet werden. Für mich war die Welt in Unordnung, und ich wollte nicht so tun, als ob es anders sei. In dieser trübseligen Stimmung saß ich eines Sonntagnachmittags bei Freunden und sagte, ich würde am liebsten über die Weihnachtstage nach Holland ans Meer fahren. Meine Freundin fragte, was dagegenspräche, ich könne noch am selben Abend alle Siebensachen zusammenpacken und am darauf folgenden Morgen losfahren.

Aber schon machten sich wieder Ängste in meinem Kopf breit: Was wäre, wenn ich mich verfahren würde oder keine Übernachtungsmöglichkeit fände. Ich hatte auch überhaupt keine Straßenkarte der Niederlande. Meine Freundin ließ meine Bedenken nicht unkommentiert: Es brauche schon sehr viel Kunstfertigkeit, wenn ich nicht irgendwo am Meer ankäme, und für den Notfall könne ich vorsorglich einen Schlafsack einpacken. Zu guter Letzt breitete mein Freund eine niederländische Straßenkarte vor mir aus. Lachend sagte meine Freundin, nun seien alle Ängste aus dem Weg geräumt und ich könne losfahren. Zu Hause angekommen begann ich eine Tasche zu packen – obwohl ich mir immer noch nicht klar war, ob ich dieses große Abenteuer wagen könnte. Den entgültigen Entschluss verschob ich auf den nächsten Tag.

Unabhängig davon, wie die Entscheidung ausfallen würde, stellte ich den Wecker für den nächsten Morgen auf sechs Uhr. Sicher war sicher. Als der Wecker klingelte, sprang ich aus dem Bett, frühstückte und packte ein kleines Lunchpaket zusammen. Da ich nun schon so früh munter war, konnte ich genauso gut losfahren. Falls mich unterwegs der Mut verlassen sollte, konnte ich ja jederzeit umkehren.

Einfach losfahren!

Entschlossen setzte ich mich ins Auto und fuhr los. Ganz besonders an Weihnachten fühle ich mich ohne Gesellschaft wie der einsamste Mensch auf Erden und hatte dieses Fest deshalb bisher entweder in der Familie oder mit Freunden verbracht. Es war etwas völlig Neues, diese Tage alleine zu verbringen. So richtig traute ich mir den Kurztrip nicht zu und flüsterte vor mich hin, dass es ein gemeinsamer Urlaub mit Gott werden solle, dieser werde sicherlich auf mich aufpassen. Und welcher Urlaub könnte schöner sein als einer mit dem lieben Gott?!

In diesem stillen Dialog fuhr ich noch im Dunkeln des Morgens los. Auf dem Weg Richtung Aachen stieg langsam die Sonne auf und es bot sich eine traumhafte Naturkulisse. Die ersten Sonnenstrahlen brachten den weißen Raureif auf den Bäumen zum Glitzern und bald zog leuchtend und strahlend die Landschaft an mir vorbei.

Das Naturschauspiel war so schön, dass ich keinen Gedanken mehr daran verschwendete, umzudrehen. Anstelle der Angst trat Vorfreude, und erste Glücksgefühle machten sich bemerkbar. Zügig ging es Richtung Venlo. Ich hatte mir als Ziel Nordwijk ausgesucht, einen Ort, den ich von früher kannte und in guter Erinnerung hatte. Mithilfe der Karte, auf die ich in schlafwandlerischer Sicherheit immer im rechten Moment einen Blick warf, gelangte ich den Ort, wo ich langsam durch die Sträßchen fuhr und nach Zimmervermietungen Ausschau hielt. Verblüffend, kein einziges Schild war zu sehen! Das war merkwürdig, normalerweise waren die Fenster voll davon. Hämisch kauerte das Teufelchen an meinem Ohr und flüsterte, dass eine kalte Nacht im Schlafsack vor mir läge. Ich ließ mich nicht ärgern und suchte weiter. Endlich fand ein Schild, das auf freie Zimmer hinwies. Der von der Pensionsdame genannte Preis überstieg jedoch mehr als das Doppelte von dem, was ich mir als Limit gesetzt hatte. Da hätte ich sogar den Schlafsack vorgezogen.

Zimmer frei?

Ich steuerte die Touristeninformation des Ortes an. Die nette Dame am Empfang erklärte, dass um diese Jahreszeit die Niederländer allein mit ihren Familien feierten und keine Zimmer vermieten würden. Hätte ich mir ja denken können. Nachdem sie kurz telefoniert hatte, lächelte die Dame strahlend und sagte, sie hätte ein Zimmer gefunden. Leider überstieg auch das mein Budget bei Weitem. Ich hatte angenommen, dass Zimmer zu dieser Jahreszeit günstiger wären als in der sommerlichen Hochsaison, hatte aber nicht bedacht, dass die Zeit um Weihnachten und Neujahr keineswegs zur Nebensaison zählt. Ich musste froh sein, überhaupt ein Zimmer zu bekommen, und jetzt stellte ich auch noch Ansprüche, war das zu fassen? Stirnrunzelnd sah die Dame mich einen Moment an und griff erneut zum Telefon.

Diesmal sprach sie eindringlich mehrere Minuten lang auf den Menschen an der anderen Leitung ein. Lächelnd teilte sie mir nach dem Gespräch mit, dass die Wirtin mit meinem Preis einverstanden sei. Meine Freude war groß, ich bedankte mich herzlich und machte mich auf die Suche nach dem erfeilschten Zimmer. Das Haus war schnell gefunden, und die herzliche Wirtin erwartete mich am Gartentor.

Während sie mich durch das Haus führte, erklärte sie, dass ein deutsches Ehepaar das Nebenzimmer gemietet habe. Nachdem alle Formalitäten geregelt waren, zog es mich hinaus. Das kleine Hotel lag nah am Meer und keine fünf Minuten später kletterte ich über eine Sanddüne und sah die Wellen vor mir. Vor Überraschung trieb es mir Tränen in die Augen. Das hatte ich mir so sehnlichst gewünscht. Ich stand am Meer, lauschte dem Rauschen und genoss den Wind, der mir durch die Haare strubbelte. Im Sand lagen Muscheln, und Möwen staksten umher. Während ich alles in mich aufsog, konnte ich ein Gefühl von Stolz nicht verhehlen.

In der ersten Nacht dröhnte aus dem Nebenzimmer lautes Schnarchen durch die hellhörige dünne Wand und machte jeglichen Versuch, einzuschlafen, zunichte. Nach einigen Stunden des Hin- und Herwälzens fragte ich mich verzweifelt, was das solle. Schlaflose Nächte hatten nicht zu meinem Traum vom Kurzurlaub gehört. Entsprechend unausgeschlafen und mürrisch saß ich am nächsten Morgen am Frühstückstisch. Das ungemütliche Wetter, das sich in strömendem Regen durch die Fenster präsentierte, machte den Tagesanfang nicht gerade besser.

Unverhoffter Ausflug

Das Paar aus dem Nachbarzimmer gesellte sich eine Viertelstunde später mit an den Frühstückstisch, und anstelle einer freundlichen Begrüßung rutschte mir die Bemerkung raus, dass ich wegen des lauten Schnarchens die ganze Nacht kein Auge zugetan hätte. Das Paar ließ sich von diesem unfreundlichen Morgengruß nicht beeindrucken und wandte sich herzlich der Wirtin zu. Diese erzählte, dass genau an diesem Tag ein Bus letztmalig kostenfrei nach Den Haag pendele, und nachdem sie weitere Informationen ausgetauscht hatten, fragte mich das Paar, ob ich mich den beiden auf ihrem Ausflug nicht anschließen wollte. Ich traute meinen Ohren kaum. Hocherfreut und beschämt über mein vorangegangenes Verhalten, enschuldigte ich mich und sagte zu. Das Paar kannte Den Haag. Um mir eine Freude zu bereiten, wollten sie das Museum Panorama Medsdag besichtigen. Das müsse ich gesehen haben. Nach dem Museumsbesuch und einem Spaziergang durch das Stadtzentrum sollte ich entscheiden, wie es weitergehen sollte. Mit Vorliebe gehe ich in etwas abgelegene Stadtviertel. Wir bogen an einer Kreuzung ab, schlenderten in eine kleine Seitenstraße und tranken einen Nachmittagskaffee in einem Coffeeshop.

Cannabisschwaden zogen durch den düsteren Raum und skurrile Typen saßen an der Bar. Der Mann meinte trocken zu seiner Frau, dass er nicht gedacht hätte, noch mal so etwas zu erleben, und beide hatten ihren Spaß. Es war ein wunderschöner und ereignisreicher Tag, und abends lag ich glücklich und so erschöpft im Bett, dass ich ohne Umschweife einschlafen und mich kein Schnarchen der Welt daran hindern konnte. Auch die folgenden Tage waren herrlich. Einmal war es so sonnig und warm, dass die Leute kurzärmlig am Meer spazieren gingen. Kinder und Hunde spielten ausgelassen am Strand, und bunte Drachen tänzelten im Wind. Barfuß lief ich auf dem vom Wasser glatt gestrichenen Sand entlang und ließ Fußspuren im Sand zurück. Ich fotografierte viel und vergaß den Alltag.

Der nächste Tag war sehr stürmisch. Nur wenig Menschen waren am Meer. Sandkörner wurden aufgepeitscht, und die Möwen ließen sich laut kreischend von den Windböen treiben. Der Sturm fegte die Gischt in weißen dicken Flocken über den Strand, und es war herrlich diesem wilden Schauspiel beizuwohnen.

Als ich einige Tage später glücklich nach Hause fuhr, lagen wunderschöne Weihnachtstage hinter mir. Wie gut, dass ich meine Bedenken über Bord geworfen hatte und einfach losgefahren war!

Angst

oder: Das Leben gleicht einem Theaterstück

So lange ich denken konnte, begleiteten mich verschiedene Unsicherheiten und Ängste auf Schritt und Tritt. Sie schienen sich zum Ziel gesetzt zu haben, mir das Leben zur Hölle zu machen. Seit meiner Kindheit bereitete es mir Schwierigkeiten, unter Menschen zu gehen. Viel lieber zog ich mich in meine eigene und sichere Welt zurück. Je älter ich wurde, desto stärker wurde die Angst, mich vor anderen zu blamieren. In der Grundschule ließ sie mich noch in Ruhe, doch im Gymnasium schlug sie unbarmherzig zu. Als sie die Oberhand gewonnen hatte, konnte ich mich kaum noch auf den Lernstoff konzentrieren und meine schulische Leistung sank rapide. Na ja, nicht wirklich, doch ich bildete mir ein, nichts zu können und ein Versager zu sein.

Mich brauchte nur jemand anzusprechen, schon schien mein Kopf eine Eigendynamik zu entwickeln und glühte wie eine rote Signallampe auf. Ich hasste das und wollte am liebsten im Erdboden versinken. Einen Zeitungsartikel mit dem Titel »Lieber tot als rot« vergaß ich nie mehr. Aus ihm erfuhr ich immerhin, dass ich nicht die Einzige war, die darunter litt, bei jeder Gelegenheit zu erröten.

Die Schulzeit war erst der Anfang. Im Berufsleben schlug die Angst immer wieder und heftiger zu. Sie plagte mich und fragte immer wieder hämisch, ob ich meine Aufgaben auch alle richtig gemacht hätte. Und immer drehten sich meine Gedanken darum, was die anderen wohl von mir dachten. Unsicherheiten und Zweifel nagten an mir. Ein einschneidendes Ereignis führte zu einem Wendepunkt. Die Toilette meines damaligen Arbeitsplatzes lag im Keller, und als ich einem natürlichen Bedürfnis nachging, hörte ich von oben lautes Gelächter der Kollegen in das Untergeschoss schallen.

An der Grenze zum Verfolgungswahn

Natürlich bezog ich es auf mich und überlegte, was ich falsch gemacht haben könnte, um solch ein Gelächter auszulösen. Es wurde immer lauter und lauter, schwoll an und bald darauf hörte es sich an, als sei es mit verschiedenen Halleffekten, wie aus einem Tonstudio, unterlegt. Der Tag war gelaufen und ich den Tränen nahe. Irgendwie schaffte ich es, diesen grauenhaften Albtraum hinter mich zu bringen.

Als ich abends endlich zu Hause angekommen war, begann ich mich ernsthaft zu fragen, ob ich noch ganz richtig im Oberstübchen sei. Allein das Lachen meiner Kollegen brachte mich an den Rand eines Nervenzusammenbruchs. Was lief nur in meinem Hirn verkehrt?! Ständig bezog ich Negatives auf mich, und ich lauerte regelrecht darauf, ob jemand schlecht über mich redete. Litt ich schon unter Verfolgungswahn?! Das konnte ja wohl nicht sein. Dieser Gedanke öffnete mir die Augen. Mir begann zu dämmern, dass viele Dinge, vor denen ich Angst hatte, nicht der Realität entsprachen, sondern nur meinem eigenen Denken entsprangen. Das wollte ich keinesfalls mehr erdulden und untätig hinnehmen.

Einige Tage später sagte ich der Angst offiziell meinen persönlichen Kampf an. In einem Buch hatte ich gelesen, dass Ängste sich dadurch auflösen, indem man sich ihnen ganz bewusst stellt. Nur zu, ich war bereit.

Kleine Mutproben

Zu Anfang waren es ganz banale Alltagsübungen, die ich mir als Aufgaben stellte. Sie bestanden darin, immer wieder mutig auf Fremde zuzugehen und Gespräche zu beginnen.

Das Tanzen war schon lange die große Ausnahme. Sobald ich mich auf der Tanzfläche zur Musik bewegte, fiel alle Unsicherheit von mir ab, was andere Leute über mich dachten, war mir egal. Auch allein auszugehen, bereitete mir keinerlei Schwierigkeiten, doch jemanden anzusprechen, fiel in eine ganz andere Kategorie. Als ich mal wieder abends in einem Club stand, hatte ich mir vorgenommen, jemanden anzusprechen, eine große Herausforderung für mich. Ich entdeckte eine hübsche Frau, die auch alleine zu sein schien. Nach einigen Liedern gab ich mir einen Ruck, ging zu ihr hinüber und sprach sie an. War das zu fassen, sie schien sich darüber zu freuen und wir begannen uns zu unterhalten. Dann gingen wir zur Bar, tranken etwas, um daraufhin gemeinsam die Tanzfläche unsicher zu machen.

Doch nicht nur die Tanzfläche wurde unsicher gemacht.

Die Dame begann mich in einer Art und Weise anzutanzen, die mir den Eindruck vermittelte, dass sie noch etwas anderes erwartete, als gemeinsam zu tanzen, und bald ergriff ich die Flucht.

Nichtsdestotrotz hatte ich ein großes persönliches Erfolgserlebnis verbucht. Im Nachhinein war es gar nicht so schwer gewesen und das Erlebte motivierte mich, daran anzuknüpfen und mich weiteren Aufgaben zu stellen. Meine Unsicherheit nervte mich kolossal, ich wollte endlich normale Unterhaltungen ohne einen rot glühenden Kopf führen.

Große Bühne

Schon in der Schule war es ein Ding der Unmöglichkeit für mich, vor der Klasse Aufsätze vorzulesen und noch immer konnte ich schlecht bis gar nicht vor größeren Gruppen sprechen.

Als mich meine Freundin zu einer Aufführung einer Theatergruppe einlud und wir uns fasziniert das liebevoll gestaltete Stück angesehen hatten, bewarb ich mich dort kurzerhand. Falls man Ängste dadurch bewältigte, indem man sich ihnen bewusst stellte, wollte ich nun diese besondere Herausforderung annehmen. Für die Aufgabe, vor andere Menschen zu treten, war ein Theater das perfekte Übungslager. Die Gruppe nahm mich herzlich auf und bald konnte ich mich im Keller bei der Kulissenmalerei austoben.

Oft sah ich den anderen sehnsüchtig bei ihrem Spiel zu und wünschte, es diesen gleichtun zu können. Wegen meiner Ängste glaubte ich aber nicht so richtig daran.

Es kam der Tag, an dem die Gruppe eine kleine Rolle für mich ausgesucht hatte: die Küchenmagd aus dem Märchen Aschenbrödel. Für diese Rolle war keinerlei Text vorgesehen, doch die Magd war das gesamte Theaterstück über auf der

Bühne. Als sich am Premierentag der Vorhang öffnete, befürchtete ich, ohnmächtig von dem Stuhl zu kippen, auf dem ich saß und Kartoffeln schälte. Doch weit gefehlt. Schnell fand ich Gefallen an dem Spiel und konnte schließlich gemeinsam mit den anderen glücklich den Applaus genießen. Vor uns lag ein Saal voller klatschender Menschen. Diese Szenerie hatte ich mir in meiner Fantasie oft ausgemalt, und nun war ich wirklich ein Teil davon.

Der Durchbruch

Mein anderes Übungslager war ein Callcenter, in dem ich zu dieser Zeit jobbte. Hier ging ich die Kommunikation am Telefon und alle damit verbundenenen Hemmschwellen an. Ich erinnere mich noch genau an eine Kollegin, der vor lauter Angst vor den Telefonaten der Schweiß in Sturzbächen die Stirn hinunterlief – sie überstand die Probezeit nicht.

Ich selbst sah den Job als Aufgabe der Weiterentwicklung und lernte etliche Tricks, etwa höchst wichtig zu klingen, um an den Sekretärinnen vorbei zu den Chefs durchgestellt zu werden.

Eines Tages setzen sich die Mitarbeiter zu gemeinsamen Sprechübungen in einen großen Kreis. Einer der Runde sollte vortreten und den anderen eine Geschichte vorlesen. Es gab wenig Freiwillige. Mir schoss durch den Kopf, dass ich ja genau das Sprechen vor vielen Menschen üben wollte, und meldete mich ziemlich unüberlegt.

Als ich kurz darauf vor der versammelten Mitarbeiterschar stand und alle Augenpaare auf mich gerichtet waren, fragte ich mich, welcher Teufel mich geritten und in diese missliche Situation gebracht hatte. Der Chef reichte mir ein Buch und forderte mich auf, die Geschichte der aufgeschlagenen Seite vorzulesen. Im ersten Moment tanzten schwarze Punkte verschwommen vor meinen Augen, doch nach einem kurzen inneren Ruck erkannte ich den Titel: »Aschenbrödel«! Was für ein Zufall.

Amüsiert dachte ich an die vielen zurückliegenden Theaterproben und begann mit diesen Erinnerungen im Kopf, das Märchen vorzulesen. Die ersten Sätze waren etwas holprig. Aber während ich weiterlas, verschwand allmählich alles um mich herum. Ich vergaß meine Kollegen, das Großraumbüro und sogar, weswegen ich hier überhaupt saß und vorlas. Ich bewegte mich einzig in der Welt des Aschenbrödels und versetzte mich in jede einzelne Rolle. Den bösen Stiefschwestern gab ich laute Stimmen. Beim Aschenbrödel versuchte ich, meine Stimme so sanft wie möglich klingen zu lassen. Die Stiefmutter widerum hatte einen energischen und bösen Charakterzug, und ihre Textpassagen las ich so laut und eindringlich wie möglich vor.

Nach dem letzten Satz musste ich mich erst einmal sammeln. Ich blickte zaghaft auf und sah von der Seite den ungläubigen Blick des Chefs auf mich gerichtet. Nach einem Moment der Stille folgte lauter Applaus meiner Kollegen. Wie auf Wolken schwebte ich zu meinem Platz zurück.

Meine Übungsstunden trugen Früchte! Und ich war der Erfüllung meines Wunsches, nicht sofort unsicher zu werden und einen roten Kopf zu bekommen, wieder einen Schritt näher gekommen.

Outfit

oder: Kleider machen Leute

Wie sehr hatte ich als Kind den Satz »Kleider machen Leute« gehasst. In meiner Jugend boykottierte ich die gängige Kleiderordnung, indem meine Garderobe ausschließlich aus schwarzen Kleidungsstücken bestand. Ein langer schwarzer Mantel hatte es mir damals besonders angetan, und spitze schwarze Stiefel mit Silberösen waren meine absoluten Lieblingsschuhe. Passend dazu ließ ich mir die untere Hälfte der Haare abrasieren und der obere Teil wurde liebevoll mit Haarwachs in die Höhe gezwungen. Als Schmuckstück kam ein hübscher kleiner glitzernder Stein in die Nase. Die schwarze Phase ging im Laufe der Jahre ins Gegenteil über. Jetzt war je bunter, desto besser angesagt. Farbige Röcke mit goldenen Brokateinsätzen wechselten sich mit gehäkelten Fransenshirts und bunten, ins Haar gebundenen Tüchern ab.

Da ich mich sehr gerne in der Natur aufhielt und mit Vorliebe mit meinen Freunden ausgiebige Fahrradtouren und Wanderungen durch die unbekannte Wildnis unternahm, wählte ich meine Geraderobe immer mehr nach Zweckmäßigkeit und Bequemlichkeit aus. Ein absolutes Unding waren Schuhe mit hohen Absätzen, eng anliegende Oberteile mit weiten Ausschnitten und Strumpfhosen kamen schon gar nicht infrage. Für meine nächtlichen Ausflüge, bei denen ich mit Vorliebe die Tanzflächen stürmte, benötigte ich ebenfalls bequeme

Kleidung. Eine Freundin lachte einmal herzlich über meine Antwort auf ihre Frage, ob ich mir nicht etwas Hübscheres anziehen wolle: Dies sei nicht nötig, da wegen des Tanzens hinterher sowieso alles verschwitzt und stinkig wäre.

Junge Frauen, die in Pumps, mit farbig lackierten Fingernägeln und auffälligem Make-up dahergestöckelt kamen, betitelte ich im Stillen als Tussis und hielt diese Frauen in meiner Arroganz für äußerst oberflächlich.

Mode – völlig überbewertet?

Eines Tages wurde ich von meinem Chef zu einem Gespräch ins Büro gebeten. Solche Aufforderungen bedeuteten nicht unbedingt Gutes, und eingeschüchtert nahm ich auf einem Ledersessel Platz. Nach einigen Floskeln um den heißen Brei rückte mein Chef mit seinem Anliegen heraus. Er fragte, ob es mir möglich wäre, mich in Zukunft etwas modischer zu kleiden. Dieser deutlichen Aufforderung folgten Erklärungen: Mit einem persönlichen Wohlgefühl könne man ein größeres Selbstbewusstsein entwickeln, welches wiederum einen entscheidenden Einfluss auf die berufliche Entwicklung ausübe.

Ich war völlig überrumpelt. Das erste Mal seit langer Zeit spürte ich wieder, wie mein Blut in Wallungen geriet und mein Kopf heiß zu glühen begann. Sprachlos sah ich an mir hinunter. Gerade an diesem Tag hatte ich mich besonders hübsch gemacht. Wie durch Watte gedämpft hörte ich, dass modische Kleidung heutzutage günstig erworben werden könne und mein Kleidungsstil nicht zeitgemäß sei, sondern, im Gegenteil, sehr altmodisch wirke.

Allmählich wurde ich sauer. Hier wurde eindeutig eine Grenze überschritten. Wütend rauschte ich nach dem Gespräch aus dem Büro. Ebenso wütend fuhr ich am Feierabend nach Hause. Als ich mich beruhigt hatte, fiel mir ein, dass mir meine »Bodenseefreundin« immer wieder gesagt hatte, ich solle mir doch mal etwas hübsches Neues leisten, wie eine alte Frau könne ich mich noch früh genug kleiden.

Orientalische Hosen und Opahemden

Ruhig stellte ich mich vor den Kleiderschrank und betrachtete nachdenklich den Inhalt. Langsam zog ich einzelne Kleidungsstücke heraus, von denen ich sicher war, dass ich sie auf keinen Fall mehr anziehen würde. Mich von Sachen zu trennen, fiel mir schon immer schwer, und entsprechend vollgestopft war der Schrank. Schnell hatte ich von einem hinteren Stapel zwei Stoffhosen hervorgefischt, die ich mir als 14-Jährige selbst genäht hatte. Liebevoll hatte ich mir damals die Stoffe ausgesucht und mir das Nähen angeeignet. Bisher hatte ich es nicht übers Herz gebracht, diese Hosen wegzuwerfen. Sie waren im orientalischen Stil genäht, bei dem der Schritt zwischen den Knien hängt. Mit diesen Hosen protestierte ich damals gegen die Markenkleidung, mit der Schüler untereinander konkurrierten. Zaghaft warf ich die Hosen in eine Zimmerecke auf den Boden. Einige fleckige Hemden, die ich Jahre zuvor auf Flohmärkten ergattert hatte, folgten. Auch ein kariertes Hemd meines Opas, das ich als Jugendliche so gern getragen hatte, wurde in die Verbannung geschickt.

Von meiner Oma hatte ich über viele Jahre hinweg Pakete bekommen und oftmals waren Wäschestücke darin. Vieles davon war nützlich und hübsch, doch die dicken wollenen Baumwollhemden würde ich in den nächsten 50 Jahren genauso wenig anziehen wie die monströsen Unterhosen, die man bis zum Bauchnabel ziehen konnte. Zögernd trennte ich mich davon, während ich im Stillen Oma um Entschuldigung bat. Die alte Lederjacke, in der Jack die Ratte damals die meiste Zeit verbracht hatte, würde ich nie mehr tragen, auch nicht die Frotteeschlafanzüge mit Schäfchen und Herzmustern, die mir meine Urgroßmutter für die langen Krankenhausaufenthalte geschenkt hatte. Die Hoffnung, eines Tages wieder in Kleidergröße 36 zu passen, konnte ich, nüchtern betrachtet, aufgeben, und für mögliche anstehende Renovierungen brauchte ich sicherlich nicht fünf (!) zerrissene Jeans aufzubewahren. Immer schneller und eifriger zog ich Kleidungsstücke aus dem Schrank. Schon bald standen vier vollgepackte große Kleidersäcke zur Entsorgung bereit. Allmählich gestand ich mir zähneknirschend ein, dass mein Chef gar nicht so danebengelegen hatte.

Shoppingtour mit Hindernissen

Am nächsten verkaufsoffenen Samstag zog ich los. Ich war noch nie eine leidenschaftliche Einkäuferin gewesen und konnte die Freude anderer über das Shoppen nicht teilen. Vielmehr nervte mich die Einkauferei und sie war eine große Herausforderung: Hosen von der Stange passten mir nicht, da meine Taille im Verhältnis zu den Oberschenkeln sehr schmal, die Oberschenkel wiederum sehr kräftig und meine Beine relativ kurz waren. Eng anliegende Tops und Blusen standen nicht zur Diskussion, da ich mich dafür zu dick fühlte. T-Shirts mit aufgedruckten Texten fand ich grässlich, denn ich wollte nicht mit schlauen Sprüchen durch die Welt gehen, die sich andere ausgedacht hatten, und kurze Röcke kamen angesichts meiner voluminösen Waden auch nicht infrage.

Nachdem ich ergebnislos fünf Geschäfte hinter mich gebracht hatte, stand ich unschlüssig und lustlos vor einem Verkaufstisch. Zaghaft nahm ich ein bunt gemustertes T-Shirt hoch und betrachtete es. Ratlos drehte ich es von vorne nach hinten und wieder nach vorne. War das modern? Mir gefiel es nicht, doch vielleicht konnte ich das Schöne darin nur nicht erkennen. Unsicher fragte ich eine Kundin neben mir um Rat. Die Frau betrachte das Shirt kritisch und meinte, ihr Geschmack sei das nicht. Sie sprach mir aus dem Herzen und so legte ich das Shirt zurück auf den Tisch. Mir war klar geworden, dass ich allein nicht weiterkommen würde, nahm im nächsten Geschäft also das Angebot einer freundlichen Verkäuferin an und ließ mich beraten.

Nachdem ich den Wunsch nach einer neuen Jeans geäußert und ihr meine Erfahrungen mit meinen Proportionen erklärt hatte, musterte sie mich kurz und erklärte, das sei kein Problem. Sechs Hosen später, gab sie seufzend zu, dass es wirklich nicht einfach sei, eine passende zu finden. Doch sie gab nicht auf und brachte weitere Hosen. Allmählich begann ich Gefallen an der Situation zu finden. Andere Kundinnen wurden mit zurate gezogen, im Rahmen einer Werbeaktion wurden Sektgläser verteilt, und die Stimmung stieg.

Einer endlich passenden Jeans folgten zwei T-Shirts, die mit bunten Schmetterlingen und Blüten bedruckt waren, und eine grasgrüne Strickjacke, deren Knopfleiste mit einem farbigen glitzernden Saum und eingenähten kleinen Perlen versehen war.

Stolz wie Oskar verließ ich nach über einer Stunde das Geschäft und kaufte noch einige modische Accessoires. Spätnachmittags kam ich erschöpft und zufrieden mit meiner Beute nach Hause.

Unverhoffte Modeberatung

Einige Tage später lud mich meine Bodenseefreundin, die gerade im Rheinland zu Besuch war, nach Köln zu einem Stadtfest ein. Vor einem Kosmetiksalon boten uns mit zwei Mitarbeiterinnen des Ladens an, die Augenbrauen zu zupfen. Ich erwähnte amüsiert, dass ich erst einige Tage zuvor aufgefordert worden war, mich modischer zu kleiden, und überhaupt keinen Bezug zur Mode hätte. Eine der beiden Damen war Typberaterin und schlug mir vor, unverbindlich einen Nachmittag lang mit mir einkaufen zu gehen – tat ich ihr vielleicht leid?!

Einige Tage später machte sie also mit mir die Innenstadt Leverkusens unsicher. So machte sogar mir das Einkaufen Spaß. Ich stand nicht unschlüssig und orientierungslos zwischen Kleiderständern herum, sondern wartete in der Umkleidekabine auf die Beraterin, die voller Eifer mit Hosen, Blusen und Röcken herangeilt kam. Sie brachte Kleidungsstücke zur Anprobe, die ich selbst niemals in Erwägung gezogen hätte, doch allen Zweifeln zum Trotz zog ich die Teile an, um mich daraufhin verblüfft vor einem Spiegel hin und her zu drehen. Aus dem Spiegel sah mir eine Fremde entgegen, die mich begeisterte. Für den Shoppingtag hatte ich mein Sparkonto geplündert, und es hatte sich gelohnt.

In der Nacht, die dem Einkaufstag folgte, träumte ich, ich wäre in einem großem Versandhaus eingeschlossen und bekam die Gelegenheit, über Nacht einzupacken, was mein Herz begehrte. Als ich am nächsten Morgen aufwachte, malte ich mir aus, wie fantastisch es wäre, wenn ich den gesamten Inhalt des Schranks durch neue Kleidungsstücke ersetzen und damit einen symbolischen Neuanfang machen könnte.

Damals konnte ich noch nicht ahnen, dass ich knapp vier Jahre später in einem anderen Land mit einem neuen und modeorientierten Freund zusammenleben würde. Nie hätte ich mir zu diesem Zeitpunkt ausmalen können, dass der Mann als mein persönlicher Modeberater tätig werden würde und sich mit der Zeit nicht nur meine komplette Garderobe ändern würde, sondern der Kleiderschrank gleich mit.

Die Verwandlung

Als ich plötzlich und unverhofft einem neuen Kleiderschrank gegenüberstand, erinnerte ich mich an den Wunsch, über den ich vier Jahre zuvor nachgedacht hatte, und erzählte kichernd meinem Freund davon. Derzeit habe ich eine größere Auswahl an Schuhen als je zuvor, sogar Modelle mit hohen Absätzen sind darunter. Farbige Kleider und modische Hosen, die mir wie durch ein Wunder passen, zieren den Kleiderschrank ebenso wie hübsche Blusen und Corsagen.

Nagelkosmetik habe ich ausprobiert, und eine Kosmetikerin ist inzwischen zu einer gern gesehenen Bekannten geworden.

Im Gegenzug zu entfernten Haaren an diversen Körperstellen sind die Haare auf dem Kopf mittlerweile recht lang geworden, mein Badezimmerschrank enthält Lockenwickler und auch Papiloten, und es bereitet mir große Freude, in den Regalen mit Modeaccessoires zu stöbern.

Erschrocken stelle ich fest, dass ich auf dem Weg bin, zu einer Supertussi zu mutieren. Doch ich gebe zu, dass ich mir so gut gefalle wie nie zuvor. Als ich meiner Mutter zum Geburtstag aktuelle Fotos von mir schenkte und sie ein Bild davon einen Moment lang unschlüssig betrachtete und unsicher sagte, dass sie die Frau darauf nicht kenne, erntete sie lautes Gelächter am Familientisch – ein großes Kompliment für mich!

Inzwischen stehe ich gern vor dem Kleiderschrank und wähle unter der mittlerweile recht ansehnlichen Ansammlung modischer Kleidung. Ich mache mich gerne zurecht und genieße Komplimente. Ich fühle mich so wohl wie nie zuvor in meiner Haut. Fahrradfahren, Wandern und Marmeladekochen steht trotzdem nichts im Weg.

Manchmal finde ich es schade, dass ich diese Erfahrung erst mit Ende 30 mache, doch besser spät als nie.

Und wie gut, dass ich mir nach der ersten Empörung ausgiebig Gedanken über die Frage meines Chefs nach meiner Kleidung gemacht habe.

Mein Chef, die Putzhilfe

oder: Ordnung ist das halbe Leben

Ich erinnere mich noch genau daran, wie mir mein Urgroßvater damals, als ich ein vierjähriges Mädchen war, die fromme Voraussage machte, dass mich ein erfolgreicher beruflicher Werdegang erwarte. Diese Prophezeiung hatte sich bisher nicht erfüllt, und ich begann mir ernsthaft Gedanken zu machen, was ich daran ändern könnte.

Wer einen grundlegenden Neuanfang plane, brauche zunächst Klarheit über sich und seine Situation – und für diese Klarheit, so hieß es in den zahlreichen Ratgebern, die ich zum Thema las, brauche man eine klare, strukturierte Basis im Alltag. Kurz: ich sollte Ordnung in meinem Leben schaffen, mental, aber auch ganz praktisch. Erst nachdem Altes mit den damit verbundenen alten Energien ausgeräumt sei, könne sich Neues einstellen.

Ich hielt mich selbst für recht ordentlich, doch nicht selten verzettelte ich mich im Chaos. Wichtiges hatte ich zwar noch nie verloren, doch wenn ich schnell bestimmte Unterlagen benötigte, war ich schon von vornherein genervt: Es war klar wie Kloßbrühe, dass wieder mal eine längere Suche durch die Aktenordner anstand. Nur beim Gedanken daran bekam ich schlechte Laune. Mehrmals sortierte ich die Ordner und unterteilte sie gezielt nach Themen, doch nach wie vor fand ich selten auf Anhieb, was ich suchte.

Auf der Arbeit verhielt es sich ähnlich. Während meine Kollegin ordentlich einen Schreibblock vor sich liegen hatte und Aufgabe für Aufgabe als erledigt abhakte, rutschten auf meinem Tisch wichtige Unterlagen und Blätter kreuz und quer übereinander, und oft war ich mit der Suche von irgendwelchen wichtigen Notizen beschäftigt. Eine Grundordnung wollte sich nicht einstellen, und wie oft ich auch aufräumte, innerhalb kurzer Zeit war mein leicht chaotisches »System« wiederhergestellt.

Aufräumen ist Chefsache

Wohlmeinend sagte eines Tages mein Chef, dass Ordnung wesentlich zu einem erfolgreichen Leben dazugehöre, genauso wie eine aufgeräumte Wohnung und eine sauber geputzte Toilette. Auf die Frage, wie es bei mir zu Hause aussehe, antwortete ich ihm, dass er sich gerne selbst vor Ort ein Bild davon machen könne. Ich hatte schließlich nichts zu verbergen und wenn er meinte, er könne mir in puncto Ordnung noch etwas beibringen, bitte! Tatsächlich stand er einige Tage später an einem Samstagnachmittag vor der Tür. Anständig zog er seine Schuhe aus und entblößte dabei ein großes Loch in einer Socke. Amüsiert verkniff ich mir die Frage, ob Ordnung nicht bei den Socken beginne.

Nachdem mein Chef sich in Ruhe in meiner sehr übersichtlichen Bude umgesehen hatte, meinte er, es wäre ja gar nicht so schlimm, wie er es sich vorgestellt hätte.

Was hatte er sich denn gedacht? Hatte er etwa gedacht, nur weil mein Schreibtisch keinen ganz akkuraten Eindruck macht, bei mir zu Hause sähe es aus wie bei Hempels unterm Sofa?

Wir unterhielten uns nett, dann sagte er, wenn er nun schon mal hier wäre, könne er genauso gut aktiv werden. Er wollte in der kleinen Küche beginnen. Diese sähe aus, als könne sie einen Rundumschlag vertragen. Flugs stellte er sich einen Stuhl in den kleinen hohen Raum und kletterte hinauf.

Das Bild, das sich mir bot, war äußerst amüsant: Mein Chef steht in meiner kleinen Küche auf einem Stuhl, und aus dem Loch seiner Socke blitzt ein Zeh hervor.

Heiligtümer ade!

Er begann, in Regalen und Schränken zu stöbern und, oft mit gerümpfter Nase, in allerlei Dosen und Tütchen zu sehen.

Immer wieder fragte er mich, um was für ein Nahrungsmittel es sich jeweils handelte. Seit Jahren schickte mir meine Oma allerlei selbst getrocknete Kräuter, Gesundheitstinkturen und Körner jeglicher Art, etwa Arnika und Ringelblume, Brennnessel und Frauenmäntele, Dinkelmehl und Leinsamen. Diese Geschenke waren für mich heilig, ich behandelte sie dementsprechend ehrfürchtig und warf selten etwas davon weg. Nachdem mein Chef einige Produkte mit Verfallsdaten, die um viele Jahre überschritten waren, entdeckt hatte, bat er um einen Müllbeutel und verrichtete die Arbeit, vor der ich mich immer wieder gedrückt hatte.

Er fragte bei jedem Produkt artig um Erlaubnis, bevor er es kurzerhand in hohem Bogen in die Mülltüte schmiss. Mit Unmut und gemischten Gefühlen sah ich ihm bei der Arbeit zu.

Der Müllbeutel füllte sich zusehends mehr.

Doch die Situation – einerseits mein Chef als Putzfrau, andererseits die uralten Kräuter und Körner – war zu grotesk, ich konnte nicht anders, als mich zu amüsieren und stand bald darauf lachend da. Zum guten Schluss war in den Regalen wieder Platz. Viele Schachteln, Dosen und Tütchen, die ich ständig von A nach B geschoben hatte, standen nicht mehr störend im Weg herum und das Regal war nicht mehr so überfüllt. Die Aktion hatte sich wirklich gelohnt.

Und das war erst der Anfang. Schließlich hatte ich das Ziel vor Augen, mein Leben zu verändern, nahm die Fingerzeige, die mir geboten wurden, dankbar an und beschloss, auch die restliche kleine Wohnung komplett in Ordnung zu bringen.

Da mir es sehr schwerfiel, mich von Dingen zu trennen, bot sich für eine weitere Räumaktion meine gute Freundin als Putzfee an. Einige Tage später räumten wir miteinander Regal für Regal aus. Wir sahen in jede Schachtel und in jede Dose, und von immer mehr Sachen konnte ich mich guten Gewissens trennen.

Bücher, von denen ich wusste, dass ich sie nicht mehr lesen würde, brachte ich in die Stadtbücherei. Die Dame am Empfang fragte, ob ich auch ganz sicher sei, sie hergeben zu wollen. Das machte es nicht gerade einfacher, doch ich blieb eisern und gab alle ab. Dabei flüsterte ich mir still zu, dass die Freude, die durch mein Zutun bei anderen Menschen ausgelöst würde, irgendwann zu mir zurückkehren würde und alles gut und richtig war.

Als Nächstes rang ich mich dazu durch, mich von etlichen Plüschtieren zu trennen, die seit Jahren das Bett mit mir geteilt hatten. Nur einige treue Gesellen entkamen dem Rundumschlag, alle anderen wurden schweren Herzens in einen Altkleidersack gesteckt. Ein Bärchen tat mir besonders leid, und auf dem Weg zur Entsorgungsstelle setzte ich es auf die Nachbarsmauer, um ihm die Chance zu geben, von einem Kind in Pflege genommen zu werden. Als ich tags darauf am Nachbarshaus vorbeikam und der kleine Kerl immer noch verlassen dort saß, nahm ich ihn wieder mit nach Hause. Dort sah er von seinem Platz auf dem Hochbett aus zu, wie ich weitere Altlasten abtrug und allmählich Platz für Neues schaffte.

Die neue Ordnung brachte mir nicht sofort Klarheit über meine Wünsche, sondern ich trauerte vielem hinterher. Auch heute noch trenne ich mich schwer von Dingen, aber ich zwinge mich dazu, denn ohne den unnötigen Ballast lebt es sich einfach leichter.

Liebe

oder: Jeder möchte geliebt werden

Romane beschäftigen sich damit, in Zeitschriften ist sie Thema, und Sachbücher widmen sich ihr: die Liebe. Alle sind wir auf der Suche nach diesem Gefühl, und seit Menschengedenken geht es um Liebe, Liebe und nochmals Liebe. Ich hatte gelesen, dass wir, um glücklich zu sein, damit beginnen sollten, uns selbst zu lieben. Ich war schon stolz darauf, es geschafft zu haben, mich nicht mehr schlechtzumachen, und jetzt sollte ich mich lieben? Das ging ein bisschen zu schnell.

Aber das Thema beschäftigte mich. Ich fragte eine gute Freundin, ob sie sich selbst lieben würde. Das Erste, was aus ihr herausplatzte war, ob ich spinne.

Ein Kollege starrte mich entsetzt an und fragte, wie ich überhaupt auf den Gedanken käme, er würde sich selbst lieben. Ich solle ihn doch nur einmal ansehen.

Nach der Unterhaltung mit dem Kollegen stand ich – in Gedanken immer bei der Selbstliebe – über einen großen Papiercontainer gebeugt, um dort einen unversehrten Papierbogen herauszuangeln. Ein Kunde hatte um ein Ansichtsexemplar eines Druckbogens gebeten. Der Druckbogen, den ich in den Händen hielt, war mit nur einem Text bedruckt. Es war ein Gedicht und handelte davon, dass wir uns selbst lieben sollten, um in unserem Leben positive Veränderungen herbeizuführen. Sprachlos starrte ich auf den Text. Was für ein Zufall, zufälliger ging es nicht mehr!

Normalerweise wird die Gesamtfläche eines Druckbogens ausgenutzt, auf diesem stand ausschließlich der Text über die Selbstliebe, nichts weiter. Um den Text herum war unbedruckte weiße Fläche. Dieser »Zufall« gab mir weiteren Stoff zum Nachdenken, und viele Abende verbrachte ich grübelnd über diesem Thema. Um uns glücklich zu fühlen, sollten wir uns erst einmal selbst liebevoller behandeln. Erst, wenn wir uns selbst Gutes tun und mit uns respektvoll und liebevoll umgehen, entstehen tiefe, liebevolle Gefühle in uns, die nicht von den Launen anderer abhängig sind. Und niemand kann uns unsere gute Laune nehmen.

Das Glücksgefühl weitergeben

Wenn wir andere Menschen an unserem Glücksgefühl teilhaben ließen, würden diese auch gute Laune bekommen und wir hätten auf diesem Weg ein wunderbares Feedback geschaffen. Hach, war das kompliziert. Ich wollte herausfinden, ob diese Theorien der Wahrheit entsprachen, und mein nächster Plan bestand darin, Negatives aufzulösen, indem ich ganz bewusst liebevoll auf schwierige Alltagssituationen zugehen wollte. Einen bestimmten Satz begann ich mir einzuprägen und immer wieder aufs Neue zu wiederholen: Jeder Mensch wünscht sich nur eines, nämlich geliebt zu werden.

So begann ich Menschen, die mir im Alltag begegneten, anzulächeln. Anfangs fiel es mir recht schwer, vor allem, wenn sie unfreundlich aussahen. Doch ich wollte die Aufgabe durchziehen und sagte mir immer wieder, dass jeder Mensch, so mürrisch er auch aussieht, den einen großen Wunsch verspürt, geliebt zu werden.

Bald lächelte ich Kassiererinnen, Busfahrer, Passanten und alle möglichen Menschen, die mir begegneten, an.

Ich war sehr gespannt, ob sich durch meinen neuen »Alltagssport« eine Veränderung bemerkbar machen würde.

Der Seniorchef der Druckerei, in der ich arbeitete, war ein imposanter großer Mann. Wenn er einen Raum betrat, füllte er ihn mit seiner Präsenz. Er konnte sowohl charmant und einfühlsam sein, aber auch seine Wut lautstark zum Ausdruck bringen. Der Glückliche, er brauchte keine Beete umzugraben, um sich abzureagieren. Da mir noch kein gravierender Fehler unterlaufen war, war ich noch nicht Zielscheibe eines seiner Wutausbrüche geworden, doch ich fragte mich, wie ich wohl reagieren würde, wenn es mich einmal treffen sollte. Und dann kam dieser Tag X. Es war ein normaler Arbeitstag, und in der Druckerei herrschte eifriger Betrieb, als der Seniorchef an meinen Arbeitsplatz herantrat. Normalerweise hielt er sich hauptsächlich im Büro auf, nur zu wichtigen Anlässen kam er in die Druckhalle. Bisher hatte er mich immer sehr freundlich behandelt, und ich hatte keinen Grund zur Klage, im Gegenteil, meist freute ich mich über seine Besuche, so auch an diesem Tag. Er war humorvoll, gab oft nützliche Tipps, und ich mochte ihn sehr.

Was die Ursache seines Wutausbruchs war, weiß ich nicht mehr, alles ging sehr schnell. Imposant stand der große Mann vor mir und schrie mich dröhnend an. Um mich herum begann alles zu verschwimmen, und mein Denken setzte für einen Moment lang aus. Als meine Schaltzentrale langsam wieder arbeitete, sah ich erst ängstlich, dann zunehmend wütender zu dem Mann empor. Was fiel diesem Menschen ein, mich so anzuschreien.

Jetzt oder nie!

Nicht seine Position und kein Grund der Welt entschuldigten solch einen respektlosen Umgangston. So verhielt man sich nicht, und das wollte ich keinesfalls untätig hinnehmen.

Zorn begann sich in mir breitzumachen. Schon wollte ich mich wehren und so laut als nur möglich zurückschreien. Da blitzte ein Gedanke auf: Jeder Mensch möchte geliebt werden.

Hatte ich mir nicht das Ziel gesetzt, diese Theorie zu erkunden? Das war die Gelegenheit!

Im Affekt stellte ich mich auf die Zehenspitzen und schlang die Arme um den laut brüllenden Mann. Wie im Rausch verharrte ich so einen Moment und hoffte, lebendig wieder aus dieser Situation herauszukommen. Ich rechnete mit einem Vulkanausbruch, doch es passierte etwas völlig Unerwartetes.

Gerade noch laut tobend, wurde der Seniorchef mit einem Schlag ruhig. Erschöpft legte er sein Gesicht auf meine Schulter und meinte beinahe traurig, dass ihm alles zu viel würde und wir ihn all seine Nerven kosten würden. Ich konnte mich gerade noch zurückhalten, ihm tröstend über den Rücken zu streicheln. Das wäre dann doch zu weit gegangen.

Alles fühlte sich leicht und unwirklich an. Als ich aus dem »Rausch« erwachte und bei mir angekommen war, wurde mir bewusst, dass der Chef ohne ein weiteres Wort zu verlieren blitzartig verschwunden war. Verstohlen und in der Hoffnung, dass nicht allzu viele Mitarbeiter Zeugen dieser grotesken Situation geworden waren, sah ich mich in der Druckhalle um. Dabei stellte ich mit großem Staunen fest, dass niemand zu sehen war, die Druckerei war wie leer gefegt. Wahrscheinlich hatte ich den lauten Pausengong überhört. Da gerade sehr viel zu tun war, arbeiteten normalerweise vereinzelte Mitarbeiter auch während den Pausen. Verblüffenderweise war an diesem Tag niemand zu sehen. Schon wieder so ein Zufall. Und ich war froh, gehandelt zu haben – immerhin in diesem Fall hatte sich die Theorie bestätigt!

Tanznacht

oder: Eine Vision wird Wirklichkeit

Früher tanzte ich leidenschaftlich gern und erreichte dabei oft glückliche Rauschzustände. Das Herumwirbeln auf der Tanzfläche war meine große Leidenschaft. Dieses großartige Glücksgefühl von Leichtigkeit und Unbeschwertheit wollte ich liebend gern mit anderen teilen. In meiner Fantasie malte ich mir aus, wie ich Menschen um mich herum auffordern wollte, sich an den Händen zu fassen, um einen immer größer werdenden Kreis zu bilden – je mehr Beteiligte, desto besser. Ich überlegte mir, dass die wachsende Energieansammlung dafür sorgen würde, dass wirklich jeder im Kreis diesen rauschhaften Zustand erleben können müsste.

Nach einer anstrengenden Arbeitswoche fuhr ich an einem regnerischen Freitagabend in das wohlverdiente Wochenende. Auf dem Fahrtweg überlegte ich, dass der Abend zu kostbar sei, um allein zu Hause zu sitzen, doch ich wusste nicht so recht, was ich unternehmen sollte. Ich wollte wieder Freude und Spaß haben und mich lebendig fühlen. Wo war die unbeschwerte Lebensfreude geblieben? Meine letzten flippigen Tanznächte lagen weit zurück. Für einen Diskothekenbesuch fühlte ich mich an diesem Abend zu erschöpft und entschied mich für einen abendlichen Spaziergang durch die Altstadt. Den Wagen stellte ich in der Stadtmitte ab. Es war kühl, nieselte und die frische Luft tat gut. Durch die großen Fenster einer

Kneipe, die eigentlich besuchen wollte, sah ich, dass diese zum bersten voll war. Kneipen, in denen Menschen dicht gedrängt stehen, hatte ich noch nie etwas abgewinnen können, weshalb ich weiterging. Doch nachdem ich unschlüssig weitergeschlendert war, gab ich mir einen Ruck, ging zurück, nahm vor der Tür der Kneipe allen Mut zusammen und trat ein.

Widerstand ist zwecklos

Lautes Stimmengewirr, dröhnende Musik und ein Gemisch aus verschiedenen Gerüchen schlugen mir entgegen. Ich stürzte mich in das Gedränge und kämpfte mich zur Bar durch, um ein Kölschcola zu bestellen. Tapfer hielt ich mich ein wenig später an dem Glas fest und versuchte, mir die Unsicherheit nicht anmerken zu lassen. Erschöpft vom Arbeitstag begann ich die Atmosphäre wider Erwarten zu genießen. Die Musik kam nicht monoton aus einem Abspielgerät, sondern wurde von einem DJ aufgelegt. Mit der Musikrichtung traf er genau meinen Geschmack. Es dröhnten sogar etliche meiner Lieblingslieder aus den Boxen. Meine Beine durchzog ein Kribbeln, meine Füße entwickelten eine Eigendynamik und begannen, wie ferngesteuert in kleinen Schrittchen vor sich hin zu trippeln. Und bald war jeder Widerstand gegen die Musik zwecklos. Langsam begann ich mich, so wie es der Platz zuließ, um die eigene Achse zu drehen, abwechselnd nach rechts und links. Immer wieder rempelte ich dabei jemanden an. Anstatt mürrische Blicke zu ernten, sah ich nur freundliche, meist lächelnde Gesichter mir entgegenblicken. Mit wachsender Freude ertanzte ich Zentimeter für Zentimeter mehr Platz. Eine Frau prostete mir lächelnd zu und rief mir quer über viele fremde Köpfe hinweg ein schönes Wochenende zu. Lachend erwiderte ich ihren Gruß.

Langsam tanzte ich mit geschlossenen Augen weiter und genoss das wohlige Gefühl. Die Musik ließ mich zurück in vergangene und beinahe schon vergessene Welten treiben.

Etwas später winkte mich die freundliche Frau zu sich an den Tisch.. Ich bahnte mir einen Weg durch den engen Gang und fröhlich stellte sie mir ihre Freunde vor. Von einem auf den anderen Moment war ich in bester Gesellschaft und glücklich darüber. Meine Tanzfreude hatte die Frau angesteckt, sie wollte nun auch tanzen, und noch mehr Frauen schlossen sich uns an. Sie schoben die Tische zusammen, um Platz für eine provisorische Tanzfläche zu schaffen. Gäste, die gerade noch dort gestanden hatten, machten freundlich Platz.

Eine junge Frau tanzte inzwischen ausdrucksstark auf einer breiten Fensterbank. Ihr ausgelassener Tanz glich einer offiziellen Showeinlage und ich bewunderte ihren Mut.

Platzen vor Glückseligkeit

Das Spektakel, das allmählich Wellen zu schlagen begann, war unglaublich. Wir tanzten ausgelassen, lachten und ließen unseren Emotionen freien Lauf. Ein Paar tanzte inzwischen so ekstatisch wie ein Artistikpaar aus dem Zirkus. Die schlanke Tänzerin bog sich gelenkig weit nach hinten, während ihr Partner sie galant dabei stützte. Immer mehr Leute schlossen sich dem Pulk der Tanzenden an und die kleine Gruppe wuchs beständig.

Die »Showtänzerin« von der Fensterbank machte mich darauf aufmerksam, was ich da ausgelöst hatte, und auch ein Mann sprach mir seine Bewunderung aus. Auslöser hin oder her, jeder Einzelne trug zu dieser bombastischen Stimmung bei. Die Stimmung brodelte, es war fantastisch und verrückt. Funken der Ausgelassenheit sprangen auf immer mehr Leute über, und bald tanzten fast alle Gäste der vorderen Kneipenseite. Die anderen hatten sich in den hinteren Teil verzogen. Meine Tanzpartnerin und ich hielten uns abwechselnd im Arm oder an den Händen. Als sie einen Freund, der an der Bar saß, an der Hand nahm und ihn zu sich ziehen wollte, griff dieser schutzsuchend mit seiner freien Hand nach der Hand eines Kumpels, und der wiederum nahm einen Nächsten an der Hand. Einer nach dem anderen nahm daraufhin ungefragt die Hand eines Nebenstehenden und allmählich begann sich ein Kreis zu bilden, der immer größer wurde.

Mit dem Wachsen des Kreises fühlte ich mich wie ein Luftballon, der jeden Moment vor Glückseligkeit zerplatzen kann. Ich kam aus dem Staunen nicht mehr raus. Das alles fühlte sich zu fantastisch und unwirklich an. Wir tanzten, jubelten und strahlten. Die Atmosphäre war gigantisch.

Was ich an diesem Abend erlebte, war unglaublich. In den Wochen davor hatte ich genau dieses Bild immer wieder vor meinem geistigen Auge entstehen lassen und nun erlebte ich diese Vision noch größer und eindrucksvoller, als ich sie mir ausgemalt hatte: Fremde Menschen tanzten ausgelassen miteinander, hielten sich an den Händen und strahlten um die Wette. Aus einem ganz normalen Kneipenabend hatte sich eine der besten Partys entwickelt, die ich bisher erlebt hatte.

Die innere Stimme

oder: Kleiner Helfergeist ganz groß

Viele Jahre über habe ich bei Bedarf Hilfe gesucht. Ich fragte Freunde um Rat, konsultierte Berater, die mir bei meinem gerade aktuellen Problem helfen konnten, und Therapeuten. Dabei war ich immer wieder auf die Information gestoßen, dass unser Unterbewusstsein einen immensen Wissensschatz birgt, und wenn wir einen Zugang dorthin fänden, viele Antworten auf unsere Fragen bekämen.

Meine Neugierde war geweckt. Ich war in einer Phase, in der ich, um mehr Klarheit zu gewinnen, meine Grübelein durch Selbstgespräche ersetzt hatte. Mir war ziemlich schleierhaft, wie ich an Informationen meines Unterbewusstseins kommen sollte, wenn ich mir selbst immer wieder den ganzen eigenen Mist erzählte.

Eines Tages war ich mit dem Auto nach Köln unterwegs. Mein Ziel lag in einem mir unbekannten Stadtteil, und unsicher fuhr ich los. In einem großen Verkehrskreisel war ich mir über den Abbieger unklar und fuhr das zweite Mal den Kreisel ab. Mittlerweile war ich mir sicher, dass die erste Ausfahrt die richtige war und wollte gerade den Blinker setzen, da flüsterte mir eine innere Stimme zu, die zweite sei richtig. Ich stutzte. Wie konnte es sein, dass ich die erste Ausfahrt nehmen wollte und eine innere Stimme murrte, dass die zweite richtig sei. War das der Anfang von Schizophrenie?

Da es nichts zu verlieren gab, begann ich, mit dieser inneren Stimme zu kommunizieren und verkündete, dass ich in diesem einen Fall auf sie hören wolle, um zu sehen, wohin das führe. Einige weitere Eingebungen und wenige Minuten später befand ich mich am Ziel. Das war ja ein Ding!

Wir kennen alle diese innere Stimme. Ihren Anweisungen zu folgen, empfand ich zunächst jedoch als sehr befremdlich.

Von dem positiven Ergebnis meiner Autofahrt beeindruckt, hörte ich ab diesem Tag immer aufmerksamer auf die stillen Empfehlungen, die sich im Laufe der Zeit zu glasklaren Hinweisen entwickelten.

Beeil dich!

Es war Frühlling, ich hatte gerade einen IT-Lehrgang abgeschlossen und mich auf zahlreiche Stellen beworben, als ich einen Abendspaziergang am Rhein machte. Das Abendrot gab der Stadt einen hübschen Anstrich. Sie war mir zur Heimat geworden, und ich liebte den Anblick. In diesem Frühling wollte ich Nachtaufnahmen von der Stadtkulisse machen. Plötzlich machte sich meine innere Stimme bemerkbar, und ganz klar schoss mir durch den Kopf, dass wenn ich noch Fotos machen wolle, mich beeilen müsse, da mir höchstens noch zwei Wochen Zeit dafür zur Verfügung ständen.

Was für ein Blödsinn, ich hatte doch alle Zeit der Welt, dachte ich und schenkte der Begebenheit keine Aufmerksamkeit mehr. Erst als dann knapp zwei Wochen später völlig überraschend der Umzug in die Schweiz bevorstand, weil ich dort kurzfristig eine Stelle bekommen hatte, erinnerte ich mich an die Begebenheit: Meine innere Stimme hatte mir vorab Bescheid gegeben. War das zu glauben?!

Fasziniert widmete ich der inneren Stimme größere Aufmerksamkeit und lernte mit der Zeit, sie von meinen eigenen Gedanken zu unterscheiden. So steht mir heute ein stiller Ratgeber zur Seite, der mir in heiklen Situationen und Entscheidungsnöten nützliche, tröstende, aufmunternde und klärende Eingebungen schickt.

Tomatensauce

Ich hatte mittlerweile die Stelle in der Schweiz angetreten, hatte Feierabend und wollte mir einige Lebensmittel für das Abendessen besorgen. Bemüht, den Einkauf schnell hinter mich zu bringen, flitzte ich durch den kleinen Supermarkt und stand kurz darauf mit einer Packung Spaghetti an der Kasse. Zu den Nudeln sollte es Tomatensauce geben, die zu Hause im Küchenschrank stand. Während die Menschenschlange an der Kasse sich langsam auflöste, meldete sich mein kleiner Helfergeist zu Wort und empfahl, Tomatensauce einzukaufen. Still hielt ich dagegen, dass zu Hause welche sei. Der Helfergeist antwortete, es könne nichts schaden, einen Vorrat anzulegen, und die paar Schritte zum Regal seien nicht der Rede wert. Ich hatte keine Lust, wegen einer zusätzlichen Vorratsdose Tomatensauce noch mal anzustehen. Die Auseinandersetzung wurde amüsant. Nicht zu fassen, welche Diskussionen ich mittlerweile mit meiner innerern Stimme führte.

Zu Hause angekommen stand ich in der Küche, hatte das Wasser für die Nudeln aufgesetzt und wollte mich um die

Sauce kümmern. Verblüfft starrte ich auf das leere Fach im Küchenschrank. Hier sollten drei Dosen Tomaten stehen, doch es herrschte gähnende Leere. Das gab es doch gar nicht. Dann erinnerte ich mich. Mein Freund hatte die Dosen ein paar Tage zuvor mit zu sich nach Hause genommen und für uns gekocht. Das hatte ich total vergessen. Hätte ich bloß auf meinen kleinen Helfergeist gehört!

Momentan sitze ich hier und schreibe dieses Buch, zweifle aber oft über mein Tun und frage mich, ob mein Denken ausschließlich Wunschdenken entspringt und ich mir die Welt schöner male, als sie ist. Meine innere Stimme ermuntert mich tagtäglich, am Ball zu bleiben. Sie sagt, ich solle mir keine Gedanken darüber machen, wie es weitergeht. Meine Aufgabe bestehe darin, das Buch ordentlich fertigzustellen. Alles Weitere würde sich fügen.

In diesem Fall geht es nicht um schlichte Tomatensauce, und in solch einer Lebensphase der inneren Stimme zu vertrauen, fühlt sich ein bisschen an, wie ungesichert von einem Bungeegerüst zu springen. Doch mein Vertrauen zu ihr wurde bisher immer belohnt und schlussendlich gingen die Geschichten immer gut aus.

Uns allen ist die innere Stimme keine Unbekannte. Was spricht dagegen, etwas genauer hinzuhören? Meine Überzeugung ist, dass wir alle solch einen kleinen Helfergeist auf der Schulter sitzen haben. Leider ist er bei vielen in Vergessenheit geraten. Es besteht die Möglichkeit, sich mit ihm anzufreunden und von seinem Wissen zu profitieren. Untätig und gelangweilt wartet er seit Jahren darauf, endlich wahrgenommen zu werden und seinen Job ausüben zu dürfen.

Dualista

oder: Das Geld liegt auf der Straße

In meiner ersten Zeit als selbstständige Grafikerin war ich unsicher, ob ich es schaffte, innerhalb eines halben Jahres ein florierendes Unternehmen aus dem Boden zu stampfen. Daher überlegte ich, wie ich nebenbei auf einfache Art und Weise Geld verdienen könnte. Schon seit einigen Jahren ließ mich der Gedanke nicht los, dass sich viele Menschen, die einsam und zurückgezogen lebten, sicherlich über Gesellschaft freuen würden. Und dass es mir Freude bereiten würde, solch eine einsame ältere Person etwa auf einer Schiffsreise zu begleiten – und dabei auch noch Geld zu verdienen.

Ich schritt jetzt also zur Tat, erstellte eine kleine Website, dazu Visitenkarten und Geschäftspapier. Mein Unternehmen nannte ich Dualista. Die darin versteckte Zahl Zwei sollte zwei Personen symbolisieren, die sich bei einer Verabredung begegnen. Mein Plan war, mich als Gesellschaftsdame für ganz bodenständige Aktivitäten zu verdingen. Da ich mich zu dieser Zeit schon darin übte, mithilfe meiner Gedanken Realitäten zu schaffen, bot ich auf der Website großzügige Dienstleistungen an: gemeinsame Museums- und Konzertbesuche, gemeinsame Essen, Reisebegleitung jeglicher Art, aber auch Fallschirmsprünge, Ballonfahrten oder Tauchgänge. Auf der Site wurde außerdem dezent darauf aufmerksam gemacht, dass sexuelle Avancen nicht erwünscht waren. Ein ehemaliger Chef, der mich etwas aus dem Hintergrund unterstützte, rief eines Tages an und sagte, ich solle im Internet den Begriff »Begleitagentur« in die Suchmaschine eingeben. Das tat ich, und es verschlug mir den Atem. Der pure Wahnsinn. Meine hübsche kleine Website Dualista thronte an oberster Stelle. Mein schickes »Großraumbüro« bestand aus meinem geliebten Schreibtisch, außerdem Drucker, Scanner, Computer, Telefon und Faxgerät. Und es befand sich genau unter dem Lattenrost des darüber angesiedelten Hochbettes. Der Gedanke, dass die zu diesem großartigen Büro gehörige Begleitagentur Dualista jetzt im Internet an erster Stelle vor unzähligen renommierten Begleitagenturen aufgeführt wurde, ließ meinen Kopf heiß werden, und ich fürchtete, jeden Moment ohnmächtig vom Stuhl zu kippen.

Der erste Kunde

Schon am übernächsten Tag bekam ich einen Anruf, der mir wieder einen rot glühenden Kopf bescherte. Ein Geschäftsmann, der vorübergehend in Düsseldorf tätig war, sagte vom anderen Ende der Leitung, dass er sich sehr über meine abendliche Gesellschaft freuen würde. Ich verkniff mir die Frage, ob er wirklich MICH meine. Mein Puls begann zu rasen, während wir einen Termin in einem exklusiven italienischen Restaurant an der Düsseldorfer Königsallee festlegten. Mehr und mehr fragte ich mich, was ich mir da nur eingebrockt hatte, und war nervös wie lange nicht.

Eine Woche nach dem Telefonat mit dem Geschäftsmann war es so weit und ich auf dem Weg nach Düsseldorf. Ich hatte mich in Schale geschmissen. Zu einem eng anliegenden, tief geschnittenen, hellblauen Oberteil kombinierte ich eine elegante schwarze Hose und ein dunkles Jackett. Kleine blaue Ohrringe und etwas Make-up rundeten das Bild ab. Im Kopf hatte ich den Rat, höchst professionell aufzutreten und mich keinesfalls als Anfängerin zu outen.

Kein Zurück

Unsicher kurvte ich durch die Stadt, zum einen, weil mir alles noch wie ein Traum erschien. Zum anderen, weil ich mich auf den Straßen Düsseldorfs nicht wirklich auskannte. Vor lauter Aufregung kam ich in zwei kritische Verkehrssituationen und mein Puls raste. Doch die Königsallee war schnell gefunden. Das Auto stellte ich einige Straßen entfernt vom Restaurant ab. Wie peinlich wäre es, wenn der Kunde mein Auto sehen würde. Der kleine, quietschgrüne alte Opel Corsa repräsentierte nicht gerade ein gut laufendes Geschäft. Kurz vor der verabredeten Zeit wartete ich vor dem Eingang des Restaurants und versuchte, die Speisekarte durchzulesen. Es blieb bei dem Versuch, denn ich konnte vor lauter Aufregung die Wörter nicht entziffern. Keine Chance, statt einzelner Wörter sah ich nur verschwommene schwarze Linien. Ich sprach mir Mut zu, schließlich hatte ich mich mit meiner Vision der Begleitagentur selbst in diese Situation gebracht.

Pünktlich auf die Minute kam ein Herr um die Ecke auf mich zu. Nochmals flüsterte ich mir Mut zu, um mich dann tapfer der Herausforderung zu stellen. Es war ein hochgewachsener, schlanker und gut aussehender Mann Mitte vierzig, mit grauem Haaransatz und bekleidet mit einem anthrazitfarbenen, schicken Anzug. Wir begrüßten uns, und als er die Tür geöffnet hatte und mir den Vortritt ließ, stürmte ich die Treppe hoch in Richtung Restaurant. Er rannte hinter mir her und fragte oben schnaufend, ob ich regelmäßig ins Fitnessstudio gehe oder mich auf sonstige Art sportlich betätige. Die Garderobe am Eingang erinnerte mich an sämtliche Benimmregeln, sodass die Jackenabnahme filmreif klappte. Ich atmete erleichtert über diese erste bestandene Aufgabe auf.

Frau von Welt?

Die Platzwahl überließ ich meinem Begleiter, aus Sorge, aus lauter Unsicherheit orientierungslos durch die Tischreihen zu irren. Erleichtert ließ ich mich auf einen Stuhl fallen. Doch es war ein Trugschluss, zu glauben, ich sei nun in Sicherheit. Eine freundlich lächelnde Kellnerin stand vor unserem Tisch und erkundigte sich nach unseren Getränkewünschen.

Ich spürte alle Blicke auf mich gerichtet und bat so selbstbewusst wie möglich um ein Glas Leitungswasser. Im Blick der Kellnerin leuchteten Fragezeichen und Ausrufezeichen auf, und sie hakte – in festem Ton – nach, ich meine wohl stilles Wasser. Köpfe des Nebentisches schwenkten herum, und ich wünschte mir eine Tarnkappe. Dieser Wunsch wurde nicht erfüllt, doch das stille Wasser gebracht. Als nach einigen verlegenen Anläufen ein freundliches Gespräch in Gang kam, ließ meine Nervosität nach, und ich konnte klarere Gedanken fassen. Der Herr war ein erfolgreicher Geschäftsmann aus Prag, im Stahlhandel tätig und daher oft in der Welt unterwegs.

Als wir zur Essensauswahl kamen, und ich an dem wiederholten Versuch, mich auf die Speisekarte zu konzentrieren, scheiterte, nahm ich der Einfachheit halber das gleiche Menü, das sich der Herr ausgesucht hatte.

Auf dem Salatteller, der mir kurz darauf serviert wurde, lagen etliche Tiere, die so frisch aussahen, als wären sie gerade erst aus dem Meer gefischt worden. Ich starrte auf meinen Teller und überlegte, wie ich die Leckereien wohl zu mir nehmen könnte, ohne unangenehm aufzufallen. Mein Gegenüber bemerkte meine Unsicherheit und sah mich fragend an. Verlegen erläuterte ich mein Problem, worauf er schmunzelnd meinte, er begänne einfach mit dem Essen und mache es mir vor. Wie peinlich! Solche Situationen sieht man sonst in Filmen. Da hatte ich nun den Salat, im wahrsten Sinne des Wortes, und einen ganzen Teller davon vor mir stehen. Folgsam beobachtete ich, wie mein Lehrmeister eine Garnele auseinandernahm, tat es ihm nach und bewältigte erfolgreich den ersten Gang.

Beschämt erläuterte ich dem Herrn, dass dies der erste Abend meiner begleitenden Tätigkeit sei und verfluchte mich über diese Beichte. Doch er sah mich lächelnd an und freute sich, dass »er meine Premiere« war. Schon wieder spürte ich meinen Kopf an diesem Abend brennen, konnte es aber trotzdem nicht lassen, zu fragen, wie er meine Gesellschaft empfände. Nach kurzem Überlegen, erklärte er, dass er mich auf einer Skala von null bis hundert auf Platz achtundneunzig setzen würde, denn meine Gesellschaft wäre sehr erfrischend. Erfrischend! Hatte er nicht die Hitze, die mein Kopf den ganzen Abend über ausstrahlte, gespürt?

Geschafft!

Der restliche Abend verlief unterhaltsam, und das Dessert genoss ich in vollen Zügen. Als ich wenig später von der Toilette kam, hatte er das Essen schon bezahlt. Wir verließen das Restaurant, verabschiedeten uns vor der Tür freundlich voneinander, und galant steckte er mir mein Honorar zu.

Ich muss gestehen, dass ich sehr erleichtert war, dass dieser Abend zu Ende war. Der Adrenalinausstoß dieses ganzen Tages hatte mir fürs Erste gereicht. Die nächsten Tage über trudelten etliche Bewerbungsmappen und Anfragen bei mir ein, doch mein Mut reichte nicht aus, das begonnene Projekt weiterzuführen. Vielleicht auch, weil ich spürte, dass es nicht das war, was ich wirklich wollte.

Als ich ein halbes Jahr später in den Regionalnachrichten von einer erfolgreichen Unternehmerin hörte, die sich mit einer Begleitagentur in kurzer Zeit ein rentables Unternehmen aufgebaut hatte, wurde ich doch ein wenig wehmütig.

Mit etwas mehr Mut hätte auch ich mein »Dualista« zum Erfolg führen können. Doch eines hatte mir die Aktion trotzdem gebracht: Wieder hatte ich die Erfahrung gemacht, dass es möglich ist, eigene Visionen wahr werden zu lassen.

Eine Idee haben, einen realistischen Plan machen und ihn in die Tat umsetzen – so einfach ist das. Wobei das Wichtigste ist, das Ganze anzupacken und nicht nur darüber zu philosophieren. Wenn man nicht aktiv wird, passiert nichts. Aktionen hingegen erzeugen Reaktionen. Dies ist eine Gesetzmäßigkeit, unabhängig davon, wie verrückt Ideen auch sein mögen.

Das Abkommen mit mir selbst

oder: Ein neuer Lebensabschnitt

(Beruflicher Werdegang Teil 2)

Noch immer nicht glücklich mit meiner beruflichen Situation – ich hatte mich einige Zeit mit selbstständigen Arbeiten über Wasser gehalten hatte –, belegte ich einen weiterführenden Kurs im Webbereich. Diese IT-Schulung in Köln lief Ende des Folgemonats aus, und so begann die Klasse mit den Bewerbungsvorbereitungen.

Eines Nachmittags hielt ich einen intensiven Dialog mit *Wem-oder-was-auch-immer-es-da-gibt.* Er handelte davon, dass es nun an der Zeit für einen neuen und glücklichen Lebensabschnitt sei. In dem Gespräch erklärte ich, dass ich erfahren wolle, ob es etwas gibt, das uns durchs Leben führt, und ob das Leben wirklich besser wird, wenn man drauf vertraut. Ich ließ mich auf ein Abkommen ein. Während ich in Ruhe überlegte, was ich für ein glückliches Leben benötigte und Punkt für Punkt eine Wunschliste zusammenstellte (schöne, große und helle Wohnung, befriedigender Arbeitsplatz mit gutem Betriebsklima, neuer Partner!), legte ich einen fixen Termin fest und versprach, die Arbeit anzunehmen, die mir genau für den festgelegten Tag angeboten wurde. Was auch immer auf mich zukommen würde, ich wollte mich führen lassen, um zu sehen, was passierte. In dem Dialog willigte ich ein, nach der Erfüllung aller Wünsche ein Buch zu schreiben, in dem ich meine Leser darauf aufmerksam machen wollte, dass es etwas gibt, dem wir vertrauen können, wer oder was auch immer das ist.

Den Arbeitsbeginn wünschte ich mir auf den Ersten des übernächsten Monats, denn dann war die Schulung zu Ende. Hoch motiviert teilte ich den Entschluss meinen Schulungskollegen am nächsten Tag mit. Es folgten einige freundliche und mit Skepsis gemischte Glückwünsche der Mitschüler. Während wir uns mit unseren Bewerbungen untereinander halfen und uns gegenseitig Ratschläge gaben, hörte ich beiläufig, wie sich zwei Männer am Nebentisch darüber unterhielten, dass es in der Schweiz gute Stellen im IT-Bereich gäbe.

Einige Tage später sprach ich mit meiner Freundin über meine Situation und dass ich mich darauf einlassen wolle, dorthin zu gehen, wo mir zum Ersten eine Stelle angeboten würde. Sie erklärte, dass sie mich um meine Freiheit beneide und wenn sie an meiner Stelle und ohne jegliche Verpflichtungen wäre, am allerliebsten in die Schweiz ziehen würde. Sie war ganz begeistert von dem hübschen kleinen Land mit seiner reizvollen Landschaft.

Das Schicksal schlägt zu

Als ich am nächsten Abend erste Bewerbungen per E-Mail auf den Weg schickte, sendete ich auch einige in die Schweiz. Ich machte mir keine weiteren Gedanken darüber. Schon gar nicht, welche Konsequenzen das nach sich ziehen könnte. Am nächsten Morgen klingelte das Handy. Der Anruf kam aus der Schweiz, und der Mann am anderen Ende der Leitung fragte, ob der Arbeitsantritt für den Ersten des übernächsten

Monats für mich in Ordnung sei und er mich noch in derselben Woche zu einem Vorstellungsgespräch erwarten dürfe. Wieder einmal begann mein Kopf zu glühen.

Arbeitsbeginn sollte genau an dem Tag sein, der auf meinem Wunschzettel stand. Aus meinen bisherigen Erlebnissen hatte ich die Schlussfolgerung gezogen, dass, wenn man sich etwas wünscht und ein Ziel anvisiert hat, die Gelegenheiten, die sich einem daraufhin bieten, am Schopf packen sollte. Denn meist handelte es sich um Wegweiser zum Ziel.

Das ist nicht immer einfach, denn man muss dabei über sämtliche Schatten springen und im tiefen Gottvertrauen entgegen gewohnter Denkmuster handeln. Aller Logik zum Trotz ist das die beste Chance, sein Leben neu auszurichten, denn erst, wenn man anders als gewohnt handelt, kann sich logischerweise etwas Neues ergeben.

Der richtige Weg?

Überzeugt davon, dass alles seine Richtigkeit habe, machte ich mich ohne nachzudenken an die anstehende Organisation meines Umzugs. Amüsierte Schulungskollegen empfahlen, erst einmal das Bewerbungsgespräch abzuwarten, bevor ich mich Hals über Kopf in einen übergroßen Aktionismus stürzte. Meine innere Stimme hingegen ermutigte mich, schon mal mit der Arbeit zu beginnen, denn etliche Formalitäten mussten erledigt werden.

Zufälligerweise lebte meine Bodenseefreundin seit einiger Zeit in der Schweiz, und als ich sie kontaktierte und um Hilfe bat, entpuppte sie sich als ein helfender Engel. Sollte ich die

Stelle bekommen, würde ich während der Probezeit bei ihr wohnen können.

Fünf Tage später saß ich bei einem Vorstellungsgespräch in einem kleinen Schweizer Büro. Nägel mit Köpfen wurden gemacht und der Arbeitsvertrag abgeklärt. Weitere Arbeitsangebote aus Deutschland ignorierte ich, auch wenn ich über die positive Resonanz auf meine Bewerbungen staunte. Damit hatte ich in keiner Weise gerechnet, und ich begann mich zu fragen, ob die Abmachung mit *Was-oder-wem-auch-immer* auf die Probe gestellt werden sollte. Und wenn schon, ich hielt trotz aller Zweifel an ihr fest – versprochen war versprochen.

Zweifel blieben trotzdem. Das Angebot, während der Probezeit bei meiner Freundin zu wohnen, hatte ich dankbar angenommen, jedoch war der Arbeitsweg recht weit.

Die ersten Wochen hielt ich tapfer durch. Aber eine Zahnentzündung verursachte starke Schmerzen und hatte zu allem Überfluss auch noch zu eitern begonnen. Damit nicht genug, es plagten mich tagelang starke Bauchkrämpfe. Meine Freundin versorgte mich rührend mit Medikamenten, und ich motivierte mich damit, dass ich durchhalten und weitermachen müsse. Auch diese Phase würde irgendwann, hoffentlich früher als später, ein Ende nehmen.

Ratgeber – nicht immer hilfreich

Auf der Abschiedsparty in Deutschland hatte mir ein guter Freund ein Buch über die Schweiz geschenkt. Darin wurde deutschen Einwanderern das Schweizer Leben erläutert und sein Inhalt ängstigte mich. Die Schweizer seien ein komisches Volk. Sarkasmus und Ironie verstünden sie nicht. Alles gehe gemächlich vonstatten, und man solle auf keinen Fall dem Zug hinterherrennen und sich damit als Deutscher outen. Wenn man als Deutscher in ein Schweizer Haus eingeladen werde, könne man sich in größtem Maß geehrt fühlen, solche Ehre würde nur den wenigsten zuteil. Mich packte das Grauen. Das Rheinland lag mir mit den herzlichen Menschen sehr am Herzen und war in den zurückliegenden Jahren zu meinem Zuhause geworden. Welcher Teufel hatte mich bloß geritten, in die Schweiz zu ziehen und meine lieben Freunde zurückzulassen. Tiefe Verzweiflung überkam mich.

Auf einer abendlichen Pendelfahrt konnte ich ihm Zug die angestauten Gefühle nicht mehr zurückhalten. Tränen schossen mir in die Augen und rissen eine wahre Flut von Sturzbächen nach sich. Verschämt starrte ich entweder aus dem Fenster oder hielt die Nase in ein Taschentuch. Das war schon nach wenigen Minuten völlig durchweicht. Obwohl mir die Sache unsäglich peinlich war, konnte ich mich einfach nicht beruhigen. Eine Frau, die mir gegenübersaß und nun dabei war, auszusteigen, stupste mich an und stellte mir einen bunten, lustig grinsenden Schokoladenosterhasen (es war kurz vor Ostern) auf die Knie. Perplex wie ich war, konnte ich mich noch nicht mal bei ihr bedanken, jedes gesprochene Wort wäre außerdem in lautes Geheul übergegangen. Tröstend nickte sie mir zu und ich dankbar zurück. Der gut gelaunte kleine Osterhase schien zu sagen, dass alles gar nicht so schlimm sei.

Einige Tage später saß ich wieder im Zug und die Welt sah tatsächlich schon ganz anders aus. Musik klang durch die

Kopfhörer meines MP3-Players und ich nickte mit dem Kopf zum Takt. Als der Zug in einem Bahnhof hielt, saß auf einer nahe gelegenen Bahnhofstreppe eine Gruppe Jugendlicher. Es waren schwarz gekleidete junge Leute mit bunten Haaren, allerlei Tätowierungen und Piercings. Ein Mädel winkte mir zu. Grinsend winkte ich zurück, worauf jeder einzelne Jugendliche aus der Gruppe winkte. Das Bild war rührend. Und ich empfand es als einen Willkommensgruß der Schweiz.

Sind Schweizer humorlos?

Am nächsten Tag saß ich mit einer Kollegin in der Mittagspause am Tisch. Schon den ganzen Morgen war im Radio das Thema die große Einwanderungswelle der Deutschen in die Schweiz. Millionen Deutsche wünschten sich angeblich, hier arbeiten zu dürfen. Staunend stellte ich fest, dass ich nur zufällig hier gelandet war,. Die Einwanderungswelle wurde zum Pausenthema. Die Kollegin meinte mit trockenem Tonfall, dass sich die Schweizer inzwischen mehr oder weniger mit uns Dütschen abgefunden hätten. Ich starrte sie an und konnte kaum glauben, was ich da gerade gehört hatte. Sie war immer sehr freundlich gewesen, und jetzt haute sie so etwas raus.

Auf meine Frage, wie sie das denn meine, antwortete sie, dass es pure Ironie gewesen sei. Ich erwiderte, dass Schweizer angeblich keine Ironie verstünden, und sie war sehr verwundert über dieses Pauschalurteil. Mit seiner Aussage lag das Buch daneben, was mich ungemein erleichterte.

Auch die Sorge, dass Sprachbarrieren zu Problemen führen könnten, stellte sich innerhalb der ersten Arbeitstage als unnötig heraus. Der Knoten platzte nach einem der ersten Telefonate. Ein Kunde stellte sich mit seiner »Firma Schrienerie Schnieder« vor. Nach einigem Hin und Her hatte ich endlich begriffen, dass es sich dabei um die »Schreinerei Schnieder« handeln musste. Der Kunde erklärte darauf etwas entnervt in einem breiten und bemühten Hochdeutsch, dass es richtig »Schreinerei Schneider« hieße.

Auf seine Anstrengung und meine Begriffsstutzigkeit hin ächzte er zu guter Letzt ein lautes »Gottfried Stutz«. Die Bedeutung dieses Schweizer Fluchs, den auch meine Kollegin gern von sich gab, hatte ich erst einige Tage zuvor erfahren. So erklärte ich dem Kunden, dass ich den Gottfried schon kennengelernt hätte, denn der hätte an allem Schuld, worauf der Herr Schneider in lautes Gelächter ausbrach und der Bann gebrochen war.

Erneut auf Wohnungssuche

oder: Erde an Universum

Die Probezeit brachte ich erfolgreich hinter mich. Die Schweiz sollte mein neues Zuhause werden, und so wollte ich nach einer hübschen Wohnung Ausschau halten. Meine Freundin warnte mich vor zu hohen Erwartungen. Es sei schwierig, sofort meine Traumwohnung zu finden. Die Mieten seien in der Schweiz sehr hoch, und ich müsse mich auf eine längere Suche einstellen, die sich gut und gern auf ein halbes Jahr ausweiten könne.

Arbeitskollegen brachten mir Wohnungsinserate mit, und ich begann mit den ersten Telefonaten. Eine Wohnung, die mir wenige Tage später vorgeführt wurde, war, mit einer hübschen Küche und einer winzigen Terrasse, ganz nett. Aber sie hatte auch Nachteile: die Zimmerdecken lagen sehr tief, die Wohnung war recht dunkel, und direkt an die Terrasse grenzte ein großer Parkplatz, den ich allerdings nicht nutzen durfte. Meine innere Stimme meldete sich und riet mir, die Suche besser fortzusetzen.

Die nächste Wohnungsbesichtigung löste Entsetzen bei mir aus. Die heruntergekommene Wohnbausiedlung aus kaltem Beton stand überhaupt nicht zur Debatte. Ein weiterer Besichtigungstermin wurde vereinbart. Die Lage der Wohnung, hübsch und an einem Waldrand gelegen, entsprach schon eher meinen Vorstellungen. Als mich eine junge Frau kurz in die »Wohnung« führte, waren alle Illusionen dahin. Der Raum war hübsch renoviert, doch es handelte sich nur um einen ausgebauten Kellerraum mit einer kleinen integrierten Küchenzeile. Zwar gab es sogar eine Terrasse, doch hohe Holzpfähle versperrten die Sicht und das Ganze glich eher einem Tiergehege. Es gab weder einen Internetanschluss noch die Möglichkeit, sein Fahrrad unterzustellen, und als ich dann noch den angedachten Mietpreis erfuhr, fand ich das alles gar nicht mehr lustig.

Kann der Engel helfen?

Auf dem Heimweg begann ich zu weinen. Allmählich entwickelte ich mich zu einer richtigen Heulsuse. Ich hatte anstrengende Wochen und Monate hinter mir und wollte jetzt endlich zur Ruhe kommen. Sollte sich die Wohnungssuche wirklich als so kompliziert erweisen? Die Vorstellung, erst in einem halben Jahr eine schöne Bleibe zu finden, war schrecklich. Während mir vor Erschöpfung die Tränen übers Gesicht kullerten, fiel mir wieder mein Engel aus der Yuccapalme ein. Still stellte ich mir den kleinen Helfer vor meinem geistigen Auge vor und bat ihn um Hilfe. Ich schilderte ihm die Lage und erklärte, dass ich überaus dankbar für seine Hilfe wäre. Dann übermittelte ich ihm meine Vorstellung der neuen Wohnung. Sie sollte geräumig und hell sein, am allerliebsten einen Balkon oder eine Terrasse haben, und der Mietpreis sollte meinem Gehalt angemessen sein. Ruhiger setzte ich die Heimfahrt fort. Der Engel hatte mir schon so oft geholfen, bestimmt würde er auch diesmal sein Bestmögliches tun.

Einige Tage darauf stand erneut ein Besichtigungstermin an, und zum verabredeten Zeitpunkt klingelte ich an der Tür des Hauswarts. Niemand öffnete. Gereizt drückte ich noch mal mehrfach den Klingelknopf. Sollte der lange Weg umsonst gewesen sein, hatte der Mann etwa den Termin vergessen? Ein alter Mann kam herangeschlurft und schloss die Haustür auf. Ihm schilderte ich mit knappen Worten mein Anliegen. Er wies mich mit ebenso knappen Worten an, ihm zu folgen. Ohne ein weiteres Wort kam ich der Aufforderung nach. Wir fuhren zusammen in einem kleinen Aufzug in die oberste Etage, wo der Alte eine Tür aufschloss, eintrat und mich mit einer Handbewegung einlud, es ihm gleichzutun. Da stand ich in einer wunderschönen Wohnung. Mir verschlug es die Sprache. Während der Mann eine Jalousie nach der anderen hochzog und Licht zu den großen Fenstern hereinfiel, begann mein Herz zu jubeln. Der Ausblick von hier oben auf Häuser und Wälder war grandios. Überwältigt trat ich an ein Fenster und genoss die Aussicht. Der alte Herr gesellte sich hinzu. Er zeigte auf einen entfernt liegenden Gebirgszug und beschrieb mir den bekannten Luzerner Hausberg Pilatus. Verzückt sah ich nach draußen und lauschte seinen Erklärungen.

Als mich der alte Mann auf den Balkon führte, verspürte ich im ersten Moment Höhenangst, doch er erklärte, diese Unsicherheit ginge mit der Zeit vorbei. Ich wusste immer noch nicht, was ich von dem Alten zu halten hatte, warum hatte er überhaut die Hausschlüssel für diese Wohnung? Auf meine neugierige Nachfrage stellte er sich schmunzelnd als Hauseigentümer vor.

Neues Zuhause

Langsam dämmerte mir, was das bedeutete. Der Hausbesitzer stand vor mir, und dieser konnte sich ohne Umschweife seine Mieter selbst aussuchen. Zögernd fragte ich den alten Herrn, wer für ihn als Mieter infrage käme und ob er schon einen Favoriten hätte. Die Antwort des Alten war, dass sich schon einige Interessenten die Wohnung angesehen hätten, sich jedoch ein paar noch in der Entscheidungsphase befänden. Solch wichtige Entscheidungen waren wohl zu bedenken. Derjenige würde die Wohnung bekommen, der sich als Erstes für sie entscheiden würde. Das war alles? Konnte es wirklich so einfach sein?

Sprachlos starrte ich den Alten an. Was gab es denn da zu überlegen. Während ich jubelnd eine Pirouette drehte, rief ich, dass ich mich an Ort und Stelle sofort für die Wohnung entschieden hätte. Der Mietpreis war erschwinglich, die Formalitäten wurden in derselben Woche geregelt, und die Wohnung wurde für die nächsten zwei Jahre mein Zuhause.

Die Aktion Wohnungssuche hatte entgegen etlicher Vorhersagen und dank der Hilfe meines unsichtbaren Engels nur zwei Wochen in Anspruch genommen.

Nachdem ich eingezogen war, fühlte ich mich oft einsam. An einem Abend war es richtig schlimm. Der Kollegin, die mir angeboten hatte, jederzeit bei ihr vorbeizukommen, wollte ich nicht auf die Nerven gehen. Der Nachbar von gegenüber, der mir die Wohnungsschlüssel gegeben hatte, hatte freundlich gewirkt. Aber in meinem Buch hatte ich gelesen, dass Deutsche bei Schweizern nicht gut angesehen wären und die Mentalität eine völlig andere sei. Da der Ratgeber mir bisher nur falsche Informationen mit auf den Weg gegeben hatte, klingelte ich mutig an der Nachbartür. Als kurz darauf mein Nachbar im Türrahmen stand und ich ihn fragte, ob er sich über Besuch freuen würde, winkte er mich kommentarlos in seine Wohnung und ging vor mir her auf seinen Balkon. Dort hatte er es sich gemütlich eingerichtet. Von einem großen Elektrogrill in einer Ecke duftete es verführerisch. Der Mann nannte mir seinen Vornamen und fragte, ob ich nicht mitessen wolle, es sei genug für zwei da. Kurze Zeit später saßen wir zusammen am Tisch, genossen die Aussicht, und glücklich schmatzend kaute ich auf einem gegrillten Hähnchenschenkel herum.

Blind Date

oder: Tischlein deck dich

Die neue Wohnung wartete auf eine angemessene Einrichtung. Obwohl eine Spedition meine Möbel aus Deutschland geliefert hatte, war noch viel Platz frei, schließlich war die Wohnung mehr als doppelt so groß wie mein altes Apartment. Ich begann, Gardinen, Kerzenständer, Blumen und andere Wohnaccessoires in einem frischen Farbenmix aus Bordeauxrot, Gelb, Orange und Lindgrün zu kaufen. Zur Vollendung der Einrichtung fehlte nach einigen Wochen nur noch eine gemütliche Sessellandschaft. Eine Eckcouch wäre schön gewesen, doch hätte die den breiten Durchgang versperrt, der den Wohn- mit dem Essbereich verband. Oder sie hätte auf der anderen Seite ungünstig vor der Heizung gestanden. Das Sofa musste also in den Raum passen, gut verarbeitet und bordeauxrot oder orange sein. Nach ersten Streifzügen durch Einrichtungshäuser verließ mich die Lust auf Möbelshopping. Entweder überschritten die Möbel bei Weitem mein Budget oder sie entsprachen nicht meinen Wünschen. Nur ein einziges Sofa kam den Anforderungen in etwa entgegen. Es war sowohl in Bordeaux als auch in Orange lieferbar, hatte eine gute Federung und der Preis war ebenfalls akzeptabel. Aber es war ein Ecksofa, würde also den Durchgang versperren. Nach erstem Probesitzen fuhr ich unverrichteter Dinge zurück nach Hause.

Eine Woche später besuchte ich das Geschäft nochmals, notierte die Maße des Sofas und lümmelte mich etwa eine halbe Stunde lang unschlüssig darauf herum. Ein eifriger Verkäufer elite herbei, zog allerlei Unterlagen hervor, und begann mit Erklärungen der Verkaufsmodalitäten. So richtig wollte sich keine Freude einstellen, und hilfsbedürftig lauschte ich auf den Rat meiner inneren Stimme. Diese hatte noch gar nichts von sich hören lassen, und ich war ziemlich enttäuscht, dass sie mich hängen ließ. Zögerlich war ich bereit, auf den Vertrag einzugehen und den Kauf unter Dach und Fach zu bringen.

Da erklang endlich die Stimme meines Helfergeistes, gerade noch rechtzeitig, der hatte vielleicht Nerven! Er flüsterte, dass ich noch warten solle. Es gäbe nichts zu verlieren und der Kauf könne jederzeit nachgeholt werden. Ich solle mich etwas gedulden, und es sei wirklich nichts dabei, vorübergehend auf einer Matratze zu sitzen. Da mir die innere Stimme schon viele gute Tipps und Hinweise gegeben hatte, hörte ich auf sie, entschuldigte mich bei dem Verkäufer mit den Worten, dass ich es mir doch noch einmal überlegen wolle, und ging nach Hause.

Am Abend setzte ich mich an die Stelle, die für das Sofa reserviert war, und trug laut meine Bitte vor. Ich erläuterte *Wem-oder-was-auch-immer-es-da-gibt* meine Wünsche so detailgetreu wie möglich und bat um prompte Wunscherfüllung. Ich versprach im Gegenzug, der Wohnung den nötigen Respekt zu zollen und sie ausschließlich mit hübschen und exklusiven Gegenständen zu dekorieren. Mit geschlossenen Augen stellte ich mir vor, wie die Haustür aufging und nacheinander Möbel und Wohnaccessoires hereingeschwebt kämen und sich zu einem harmonischen Gesamtbild zusammenfügten.

Mal wieder ein »Zufall«

Parallel zum Einrichten meiner Wohnung begann ich langsam, mir einen Bekanntenkreis aufzubauen. Über ein Internetportal schrieb mir seit einigen Wochen ein Mann, und spontan lud ich ihn mit seiner Familie zu einem Sonntagsfrühstück ein. Es war aufregend, denn es war völlig unklar, wer zu Besuch kommen würde. Außer einigen Grundangaben hatte er nicht viel preisgegeben. Am verabredeten Tag stand eine nette junge Familie vor der Tür, und kurz darauf saßen wir gemeinsam und gut gelaunt am Frühstückstisch. Nach dem Frühstück siedelten wir in den Wohnraum um. Entschuldigend zeigte ich auf das Matratzenlager und erklärte, dass dort noch die passende Couch zu meinem Glück fehlte. Das Paar sah sich wortlos an. Dann wand sich die Frau um und erklärte, dass sie just an diesem Morgen im Internet ihre Couch zum Verkauf angeboten hätten, da sie für ihre Zimmer zu groß sei. Die Couch könne sie sich gut in diesem Wohnzimmer vorstellen und mit etwas Glück hätte noch niemand ein Angebot abgegeben. Eilig schaltete ich den Computer an. Wundersamerweise lagen noch keine Gebote vor, und die Auktion konnte vorzeitig beendet werden. Das Foto gab Anlass zur Vorfreude, meine innere Stimme gluckste zufrieden und im Stillen traf ich schon eine Entscheidung. Den restlichen Tag genossen wir gemeinsam, und schon für den kommenden Tag lud mich die Familie zu sich nach Hause ein, um mir ein Probesitzen zu ermöglichen.

Als ich tags darauf vor der Sitzoase stand, war meine Freude groß. Das Sofa leuchtete in einem kräftigen Orange und die Kissen strahlten in einem frischen Gelbton. Verchromt glänzende Füße sorgten für ein modernes Outfit. Als ich schmunzelnd zu der Frau sagte, dass ich mir ursprünglich eine bordeauxrote Couch gewünscht hätte, erklärte sie, sie hätte noch Schonbezüge, und diese wären zufällig bordeauxrot. Am nächsten Tag brachte die kleine Familie das Sofa zu mir nach Hause. Es fügte sich wie maßgeschneidert in die Nische ein. Der Durchgang und die Heizung blieben unbehelligt. Die Couch war ein Prunkstück, das jedem Besucher ins Auge fiel. Etliche Möbelstücke und Accessoires gesellten sich dazu.

Wohlige Wohnung

In einem Möbelhaus hatte ich eine traumhafte Lampe gekauft, die es nun anzubringen galt. Eigentlich wollte ich ja meinen Nachbarn bitten, mir dabei zu helfen, da ich mit solchen Arbeiten keine Erfahrung hatte. Aber ich wachte an diesem Sonntagmorgen schon um sieben auf – keine geeignete Zeit, um beim Nachbarn zu klingeln. Einige Monate zuvor hatte ich bei einem Freund gesehen, wie eine Lampe angeschlossen wird. Er hatte erklärt, dass dabei nichts passieren könnte.

Es konnte nichts schaden, einfach mal anzufangen und zu schauen, wie weit ich käme. Voller Eifer begann ich, die Lampe zusammenzusetzen. Als die Einzelteile zusammengefunden hatten und der Leuchter in seiner ganzen Pracht glänzte, sah ich nachdenklich zum Lampenanschluss an der Decke. Das war doch gelacht und müsste zu schaffen sein. Im Schlafanzug flitzte ich in den Flur zum Sicherungskasten. Dieser war jedoch verschlossen und ich hatte keine Ahnung, wo sich der Schlüssel dazu befand.

Mein Freund hatte damals geäußert, der Hauptstrom müsse nicht unbedingt ausgeschaltet werden. So eilte ich wieder ins Wohnzimmer an die Kleinbaustelle zurück. Vorsichtig schielte ich nach oben. Wieder rannte ich los und schleppte die Klappleiter aus dem Vorratsschrank heran. Während ich mich an die Arbeit machte und die alte Lampe vorsichtig abmontierte, achtete ich genau auf die Arbeitsschritte. Diese wollte ich bei dem Leuchter einfach in umgekehrter Reihenfolge nachahmen.

Eifrig schraubte und drückte ich an den Kabeln herum. Ein greller, laut zischender Blitz ließ mich erschrocken zurückfahren und brachte mich fast ins Straucheln. Vor lauter Ungeduld hatte ich völlig vergessen, den Lichtschalter auszuschalten, und genau darauf hatte mich mein Freund noch ausdrücklich hingewiesen. Die ganze Zeit über, während ich an den Kabeln rumgefummelt hatte, war Strom geflossen. Da hatte ich ja Schwein gehabt, dass nichts weiter passiert war. Respektvoller brachte ich das Werk zu Ende und stand einige Minuten später glücklich vor meiner ersten selbst angeschlossenen Lampe. Da hing er, der Kronleuchter, mit seinen Glasperlen und Glastropfen, in seiner ganzen Schönheit. Grinsend betätigte ich mehrmals den Lichtschalter, bewunderte den Leuchter und konnte mich kaum sattsehen. Auch wenn ich höchstwahrscheinlich um ein Haar verschmort wäre, war ich richtig stolz auf mich.

Der letzte Schliff

Der Mann einer Arbeitskollegin trug dazu bei, dass ich genussvoll Musik hören und die alten Röhrenmonitore des Computers mit Flachbildschirmen tauschen konnte. Bilder von meiner Patentante – alles Originale – untermalten die Farbgebung, und schöne alte Möbel meiner Großeltern strahlten in neuem Glanz, nachdem ich sie frisch bezogen hatte. Meine Mutter schenkte mir große Zimmerpflanzen.

Alle Gegenstände fügten sich nach und nach wie ein großes Mosaik zu einem harmonischen Gesamtbild zusammen, genau in den Farbtönen, die ich mir gewünscht hatte.

Als ich eines Sonntags auf einem Flohmarkt vor einem pfiffigen, noch unbenutzten Kerzenständer stand, dessen gläserne Kerzenhalter mit den Farben Bordeauxrot, Gelb, Orange und Lindgrün abwechselten, lachte ich laut heraus. War das zu fassen?!

Rendezvous

oder: Wie backe ich mir einen Traummann?

An meinem neuen Arbeitsplatz hatte ich mich eingearbeitet, die Wohnung war eingerichtet und mental war ich in der Schweiz angekommen. Es fehlte nur noch das Sahnehäubchen. Ich wollte einen Mann. Nicht irgendeinen, davon hatte ich genug hinter mir. Meine kostbare, noch verbleibende Lebenszeit wollte ich glücklich sein. Es sollte der Richtige sein, einer, der mich zum Lachen bringt und mich auf Händen trägt. Ich wünschte mir, richtig verliebt zu sein, mit allem was dazugehört. Von einem rosaroten Himmel angefangen bis hin zu schlaflosen Nächten.

Eines Abends sorgte ich am Tisch meiner versammelten Chorgruppe für Belustigung, indem ich erklärte, dass es an der Zeit für einen neuen Mann sei. Sofort wurde ich auf mögliche Kandidaten aufmerksam gemacht, worauf ich schnell klarstellte, dass es nicht irgendeiner sein sollte, sondern nur der Richtige infrage komme. Ein paar Tage später flüsterte mir die Chorleiterin im Vertrauen ins Ohr, dass sie eventuell jemanden für mich wisse. Auf mein neugieriges, drängendes Nachfragen hin rückte sie damit heraus, dass ihrer Meinung nach der Pfarrer ein möglicher Kandidat für mich sei. Dass ausgerechnet ein Pfarrer der Richtige für mich sein könnte, bezweifelte ich zu sehr und ging dem Gedanken nicht weiter nach.

Kurierfahrer als Liebesbote?

Eines Tages kam ein gut aussehender Kurierfahrer zu uns in die Druckerei, und nachdem er sich bei meiner Kollegin und mir mit einem eindrucksvollen Händedruck und einem freundlichen Gruß verabschiedet hatte, kamen wir überein, dass er ein Kanditat sei, der infrage käme. Zumindest hatte er keinen Ring am Finger gehabt. Wir hatten ihn noch nie zuvor gesehen, und nirgends war sein Name notiert. Der Kollegin lagen jedoch Unterlagen der Druckerei vor, die ihn geschickt hatte. Tags darauf bat ich übermütig den Geschäftsführer in einer E-Mail um die Kontaktdaten des Kuriers, mit der Begründung, dass unsere Firma einen neuen Boten bräuchte. Einige Tage später rief dieser Geschäftsführer unerwartet an. Die Kollegin stellte das Telefonat an mich durch, meinte, dass ich da jetzt rangehen müsse, schließlich hätte ich mir die Sache selbst eingebrockt, und verzog sich kichernd in die Druckhalle.

Der Herr erklärte, dass es sich um einen Aushilfsdienst gehandelt habe, ein Kollege aus der Buchhaltung sei für die Kurierfahrt eingesprungen. Dem amüsierten Tonfall des Mannes nach zu schließen, hatte er die Nachtigall trapsen gehört. Verlegen und mit hochrotem Kopf bedankte ich mich für die Auskunft. Der sympathische Kurierfahrer inkognito kam somit nicht infrage.

Traummann ganz nach Wunsch

Da ich mir keinen Traumann backen konnte, musste eine neue Variante her. Ich erstellte eine detaillierte Wunschliste der Eigenschaften meines zukünftigen Traummanns, diese Vorgehensweise hatte mir schließlich schon häufig Wünsche erfüllt. Die Punkte, die mir einfielen, füllten nach und nach ein komplettes DIN-A4-Blatt. Darauf waren Vorzüge, Qualitäten und Charaktereigenschaften des Zukünftigen notiert. Eine Freundin, die mich während meines Brainstormings anrief, gab noch zusätzliche Tipps durch. Sie fragte, ob auch die Körpergröße auf dem Blatt stünde. Es sei doch ärgerlich, dem Richtigen über den Kopf schauen zu können. Kichernd und albernd brachten wir weitere Anmerkungen an.

Es dauerte nicht lange, bis eine komplett ausgearbeitete Liste vor mir lag und ich überzeugt war, nichts Wichtiges vergessen zu haben. Mit dem Blatt setzte ich mich auf den Balkon, und schaute in den Himmel. Es war eine angenehme laue Juninacht, und just an diesem Abend trug die Schweizer Nationalmannschaft ihr EM-Spiel gegen Portugal aus, dementsprechend leer waren alle umliegenden Balkone und Terrassen der Nachbarschaft.

Gemütlich auf dem Liegestuhl sitzend, trug ich Punkt für Punkt der Wunschliste *Wem-oder-was-immer-es-da-gibt* laut vor. Die Vergangenheit hatte mich gelehrt, dass Wünsche genau geäußert werden möchten. Aufgrund dieser Erfahrungen bat ich zum Abschluss um Unterstützung. Ich wünschte mir Hilfe bezüglich der Punkte, die ich aufgrund von Unwissenheit nicht benennen konnte. Mehrere vergangene leidvolle Erfahrungen hatten gezeigt, dass detaillierte Formulierungen wichtig sind, denn auch unerwähnte Punkte können sich manifestieren und nicht nur Gutes herbeiführen. Es könnte ja mit dem Teufel zugehen, dass mir der Traummann gegenüberstand und ich ihn überhaupt nicht als diesen erkennen könnte, weil er aus dem Raster meines Beuteschemas fiele.

Die Männer, die ich mir bisher ausgesucht hatte, waren Fehlgriffe gewesen, und solch einen Patzer wollte ich nicht wiederholen.

Zudem plagte mich Ungeduld. Ich wollte jetzt sofort jemanden kennenlernen und nicht erst in zwei Jahren. Nachdem ich tief entschlossen den letzten Wunsch laut geäußert hatte, passierte etwas, das mich vor Staunen und Überraschung laut aufschreien ließ: Eine Sternschnuppe fiel vom Himmel. Ein breiter leuchtender Lichtbalken bahnte sich seinen Weg zur Erde. Eine solch riesige Sternschnuppe hatte ich noch nie gesehen. Normalerweise sieht man Sternschnuppen als kleinere oder größere Lichtstreifen am Himmel, doch diese war riesig und fiel vor meinen Augen bis hinunter auf die Erde, Ehrenwort!

Nach meinem Aufschrei sah ich mich beschämt um, ob mich jemand gehört hatte. Doch bis auf flimmernde Fernsehgeräte in den Fenstern war niemand zu sehen. Überzeugt, dass dies ein Zeichen gewesen sei, genoss ich die Vorfreude, bald meinen zukünftigen Partner kennenlernen zu dürfen. Ich war überzeugt, dass mein Zukünftiger genau aus der Richtung kommen würde, in der die Sternschnuppe vom Himmel gekommen war.

110 Kilo, 2,13 Meter

Doch ganz wollte ich das Treffen nicht dem himmlischen Zufall überlassen und begann, in Internet-Partnerbörsen zu stöbern. Geld für kostenpflichtige Partnerschaftsbörsen wollte ich nicht bezahlen und von der kostenfreien Singlebörse hatte ich schnell die Nase voll. Weder weitere Zeit noch Energie wollte ich damit vergeuden, mit irgendwelchen Typen aus den Resterampen zu schreiben. Da wollte ich das Treffen doch lieber dem Zufall überlassen.

Eines Abends saß ich, ein bisschen angeheitert von einem Glas Campari-Orange, vor dem Computer und vertrieb mir die Zeit mit Musik und Chatten. Parallel dazu wollte ich mich an diesem Abend aus der Singlebörse abmelden, dies ließ jedoch der Anbieter nicht zu. Nach einigen ergebnislosen Versuchen, den Account zu löschen, gab ich mich vorerst mit dem Entfernen der persönlichen Daten zufrieden. Die Registrierung und alle Hauptangaben wie Geschlecht, Größe und Gewicht konnten nicht gelöscht werden. Wütend veränderte ich die Angaben. Die Körpergröße setzte ich auf zwei Meter dreizehn und das Gewicht auf hundertzehn Kilogramm. Vorerst sollte sich niemand mehr für mich interessieren. Zufrieden vertrieb ich mir mit weiteren Musikclips die Zeit. Über die zwei Computermonitore waren etliche offene Fenster verteilt und einmal klickte ich aus Versehen auf das noch offene Fenster der Singlebörse. Das begann jetzt wirklich zu nerven! Da erschien das Kurzprofil eines Mannes aus dem Nachbarort auf dem Bildschirm. Sein Foto war nicht besonders schön. Trotzdem las ich mir die Angaben durch und seine Interessen sagten mir zu. Angeheitert schrieb ich ihn an und fragte mit knappen Worten, ob er Lust hätte, gemeinsam mit mir kommenden Sonntag zu frühstücken. Die Antwort ließ nicht lange auf sich warten und eine Handynummer erschien auf dem Bildschirm.

Blind Breakfast

Wir klärten ab, bei mir zu frühstücken. Doch dann gab mir eine Kollegin den Rat, das Frühstück lieber bei ihm zu machen, denn anhand seiner Wohnung könne ich mir ein besseres Bild von dem Menschen machen. So lud ich mich ganz frech bei ihm ein. Telefonisch legten wir Zeit- und Treffpunkt für den anstehenden Sonntagmorgen fest. Am Samstagabend packte mich Nervosität. Zufällig war die Freundin bei mir, mit der ich die Liste ausgearbeitet hatte, sie hatte ebenfalls für den nächsten Morgen und zur exakt gleichen Uhrzeit ein Blind Date. Albern kichernd suchten wir gemeinsam die Garderobe für das sonntägliche Treffen aus.

Am nächsten Morgen fuhr ich mit einer gepackten Frühstückskiste zu dem verabredeten Treffen. Nach dem Klingeln wurde der Türöffner bedient und eine Männerstimme wies die richtige Etage an. Dort war die Haustür angelehnt und niemand zu sehen. Zögernd betrat ich die Wohnung, hängte meine Jacke an die Garderobe und sah mich neugierig um. Was auf den ersten Blick zu sehen war, gefiel mir gut: ein gemütlicher Wohnraum mit hübschen Accessoires und einer liebevollen Einrichtung. In einer Ecke plätscherte ein Zimmerbrunnen, der von Edelsteinen und Engelchen umsäumt war. Während ich ganz versunken alles in mich aufsog, steckte ein sympathisch und gut aussehender Mann den Kopf zur Küchentür heraus und ließ die Vorfreude auf das Frühstück noch größer werden.

Wir begrüßten uns förmlich und setzten uns an den liebevoll gedeckten Frühstückstisch. Allerlei feine Brotaufstriche, frische Eier und weitere Leckereien ließen mir das Wasser im Mund zusammenlaufen, und ein warmer Hefezopf, frisch aus dem Backofen, rundete das Bild ab. Wir setzten uns, begannen gemächlich zu frühstücken und mein Gegenüber namens Severino quasselte sofort los.

Der Mann vom Planeten Orion und Hagrids Schwester

Nach seinen ersten Erzählungen begann ich zu kichern. Wenn das nur meine Verwandten mitbekommen könnten. Erst kurz zuvor hatte ich angekündigt, dass ich mich auf die Suche nach dem Traummann begeben wolle und diesbezüglich waren mir amüsierte Erfolgswünsche mit auf den Weg gegeben worden. Einige Verwandte finden, dass ich auf eine spezielle Art und Weise etwas merkwürdig sei, und nun saß ich einem Mann gegenüber, der mit völliger Selbstverständlichkeit von seinem Heimatplaneten Orion und seinem eigentlichen Ursprungsland Atlantis erzählte. Natürlich …! Das Kichern schwoll an und wurde mit den Erzählungen meines Gegenübers immer lauter. Eine Lachsalve jagte die nächste. Ich versuchte, sie zu unterdrücken, aber das machte es nur noch schlimmer. Während ich vor unterdrücktem Gelächter beinahe erstickte, meinte der Mann trocken, dass ich ja eine recht Lustige sei. Auf die Frage hin, was ihn überhaupt bewogen habe, sich auf das Treffen einzulassen, antwortete er, dass er neugierig auf Hagrids Schwester gewesen sei. (Hagrid ist ein großer, breitschultriger Kerl aus der Harry-Potter-Saga.) Nach dem Frühstück verlagerten wir unseren Platz ins Wohnzimmer und sahen uns gemeinsam seine DVD-Sammlung an.

Dort saßen wir gemütlich und verbrachten den restlichen Morgen mit Musik hören und Unterhaltungen. Als die Sprache auf Kinder einer befreundeten Familie kam, sprang Severino auf und zeigte mir ein Kinderbuch. Das Buch trug den Titel »Wo ist Walter?«. Es handelte sich um ein entzückendes, farbenprächtiges Buch mit allerliebst detaillierten Zeichnungen. Es wurden verschiedene Schauplätze dargestellt, auf denen es von Figuren nur so wimmelte und zwischen denen man Walter und seine Freunde suchen konnte.

Nebeneinander auf dem Sofa sitzend begannen wir damit, Walter zu suchen. Bald darauf begann ein Wettsuchen und um besser sehen zu können, rutschten wir, Stück für Stück, immer ein bisschen näher aneinander heran. Natürlich ausschließlich, um besser in das Buch sehen zu können. Kinderbücher können wirklich aufregend sein und bald spürte ich ein nervöses Kribbeln in der Magengegend. Spontan steckte ich die Nase an den Hals des Mannes und nahm eine Geruchsprobe. Er duftete köstlich und kurz darauf nahm er mich in den Arm und gab mir einen ausgiebigen Kuss.

Die Situation war filmreif.

Spontan beschlossen wir, schwimmen zu gehen. Die aufkeimende Scham, zu viel Speck auf den Hüften zu haben, schob ich von mir und so saßen wir eine knappe Stunde später gemeinsam in Strudelbecken und Dampfbädern. Als wir uns nach diesem wunderschönen Tag auf der Rückfahrt befanden, stellte ich die Frage in den Raum, zu wem von uns beiden wir denn fahren wollten. Severino sah mich kurz von der Seite her an und meinte trocken, dass ich ja eine ganz Spontane wäre, das ginge selbst ihm etwas schnell. Wir fuhren zu ihm, und seit diesem Tag sind wir ein Paar.

Oder doch der Kurierfahrer?

Ab diesem Tag schien ich mich in einer Welt voller rosa Herzen und Goldglimmer zu bewegen, in der Engel am rosa gefärbten Himmel romantische Reigen auf ihren Harfen klampften. Das entging natürlich auch meinen Kollegen nicht, die erste Erzählungen von dem vermeintlichen Traummann kritisch aufnahmen. Eines Tages traute ich meinen Augen nicht: Der Kurierfahrer alias Büroangestellte holte Ware ab. Er war auffallend gut gekleidet, und als er sich verabschiedete, warf er mir durch die Glastür einen vielsagenden Blick zu.

Inzwischen hatte ich gelernt, dass in der Schweiz wichtige Entscheidungen gut überlegt sein wollen und man generell eine Nacht darüber schläft. Doch der Anruf war inzwischen an die zwei Monate her, und dass der Mann jetzt noch auftauchte, damit hatte ich nie und nimmer gerechnet. Meine Kollegin fragte, ob ich die Entscheidung für meinen Traummann nicht lieber noch mal überdenken wolle. Doch meine Entscheidung für Severino stand fest. Für den Kurierfahrer war es eindeutig zu spät. Wäre er zwei Wochen früher gekommen, hätte sich alles völlig anders entwickeln können. War das wieder einmal ein verflixter Zufall?

Schlussendlich war es so, wie es war, und daran gab es nichts mehr zu rütteln.

Der damalige Wohnort meines neuen Freundes lag übrigens von meiner Wohnung aus gesehen haargenau in der Richtung, in der die Sternschnuppe vom Himmel gefallen war.

Patient mit Stacheln

oder: Was einem zufällig vor die Füße fällt

Ich war dabei, ein Kapitel darüber zu schreiben, dass man den kleinen Dingen im Alltag aufmerksamer begegnen solle.

Auf dem Weg zur üblichen Joggingroute ging ich gedankenversunken einen Feldweg entlang. Der Sommer neigte sich dem Ende zu und die umliegenden Felder wurden gemäht. Große Bäume, auf denen erstes Obst reifte, und etliche Krähen, die sich Leckereien aus dem Feld pickten, waren in der späten Nachmittagssonne zu sehen.

Als ich mich wieder auf den Weg konzentrierte, traute ich meinen Augen nicht. Da kam mir doch am Wegesrand ein Igel entgegenspaziert. Wir gingen aufeinander zu, und direkt vor meinen Füßen kippte der kleine Kerl plötzlich um. Was fiel dem denn ein?!

Ich beugte mich zu ihm runter und stupste ihn leicht an, daraufhin kugelte er sich zusammen und tat keinen Mucks mehr. Unschlüssig setzte ich mich neben ihn ins Gras. Stirnrunzelnd betrachtete ich ihn und drehte ihn vorsichtig auf den Rücken, um zu sehen, ob er verletzt war. Wunden waren nicht zu erkennen.

Was sollte ich mit dem Tier jetzt anstellen? Zögernd stand ich auf und entschied mich, ihn vorerst liegen zu lassen. Einem sterbenden Igel konnte schließlich nicht geholfen werden. Ich beschloss, erst mal meine Joggingrunde zu drehen, und falls der Igel auf dem Rückweg immer noch dort liegen sollte, konnte ich mir auch dann eine Lösung überlegen. Mit diesen Gedanken machte ich mich auf den Weg, verlangsamte das Tempo nach einigen Schritten jedoch wieder und sah zurück zu dem Tier. Der Igel tat mir leid und ich brachte es nicht übers Herz, ihn dort liegen zu lassen. Der Gedanke schoss mir durch den Kopf, dass ich gerade darüber schrieb, dass man dem, was einem im Alltag begegnete, mehr Beachtung schenken sollte und dass es keine Zufälle gebe, sondern dass die Dinge einem zufielen. Dieser Igel war mir im wahrsten Sinne des Wortes zugefallen – direkt vor die Füße. Wenn ich schon altkluge Sprüche von mir gab, konnte ich genauso gut selbst danach handeln.

Seufzend ging ich zurück und nahm den Igel vorsichtig in die Hände, um mich nicht an seinen Stacheln zu verletzen. Ich bat die Flöhe darum, ihren Heimatort nicht zu verlassen und mich in Ruhe zu lassen. Ächzend überlegte ich auf dem Rückweg, was ich zu Hause mit ihm anstellen sollte. Ein Tierarztbesuch wäre teuer, und was sollte ich im Zweifelsfall mit einem toten Igel machen?! Zu guter Letzt könnte Severino als geschulter Sterbebegleiter dem Kleinen sein letztes Geleit geben.

Ab und zu keuchte und röchelte der Igel und es sah jedesmal so aus, als habe nun wirklich sein letztes Stündlein geschlagen. Einmal rotzte er quer über meine Hand auf den Boden, und dabei blitzte etwas Schwarzes an seiner Schnauze auf. Voller Ekel ließ ich ihn erschrocken ins Gras fallen.

Dabei schalt ich mich, mich nicht so anzustellen, und nahm ihn wieder hoch. Zu Hause angekommen ging ich durch den

Hintereingang zur Terrasse und rief meinem Freund zu, dass er doch bitte einen Karton und eine Pinzette bringen solle, da wir einen kleinen Patienten hätten. Währenddessen füllte ich ein Schälchen mit Milch.

»Operation Igel«

Als Severino eine Pinzette brachte, entkugelte sich der Igel und mein Freund sagte lachend, während er mir die Pinzette reichte, dass es wie beim Menschen wäre: Sobald der Arzt mit Operationswerkzeug komme, fühle man sich doch lieber wieder gesund. Der Igel wirkte jedoch alles andere als gesund und munter. Die Bitte, stillzuhalten, schien er zu verstehen. Vorsichtig packte ich das schwarze Etwas, das aus seiner Schnauze herausragte und zog angeekelt daran. Dann ging alles sehr schnell. Ein fünf Zentimeter langes schwarzes glibbriges Etwas, das aussah wie der zermatschte Restbestand eines großen schwarzen Käfers hing in der Pinzette. Der Igel lag in der Pappkiste, öffnete die Augen und schien erleichtert zu grinsen. Dann holte er hörbar einige Male tief Luft und trippelte, als wäre nichts gewesen, zur Tränke hinüber, schlabberte genussvoll und krabbelte putzmunter aus dem Karton, um sich auf seinen weiteren Weg zu machen.

Das Glücksgefühl, das mich durchströmte, hielt noch bis zum nächsten Morgen an. Mal wieder hatte meine innere Stimme recht behalten: Nach einigem Zaudern hatte ich auf sie gehört und den Igel entgegen aller Zweifel mit nach Hause genommen. Und konnte einen Teil dazu beitragen, dass es ihm wieder gut ging.

Auch wenn diese Geschichte klein und unbedeutend erscheint, zeigt sie wieder einmal, wie wichtig die innere Stimme ist und dass es nicht unbedingt die großen Dinge sind, die für tiefe Glücksgefühle sorgen.

Engel mit Herz

oder: Neuankömmling

Am Tag als mein Freund und ich den Mietvertrag für unsere gemeinsame Wohnung unterschrieben, starb meine Großmutter. Ihr Tod löste in der Familie eine tiefe, bisher noch nicht dagewesene Trauer aus. Diese Frau hatte in ihrer ruhigen Art uns Familienmitgliedern in allen erdenklichen Lebenskrisen immer wieder neuen Mut gemacht.

Meine Tante hatte sich bis zum Ende rührend um ihre Mutter gekümmert. Einige Wochen nach der Beerdigung fragte ich meine Tante, ob ich ihr mit einem selbst gezeichneten Bild eine Freude machen könnte. Sie bejahte freudig das Angebot und sagte, dass sie sich schon länger ein Engelsmotiv wünsche.

Meine Tante, Mutter erwachsener Kinder, wollte einen neuen Anfang machen und zu ihrem Freund ziehen. Sie war seine Jugendliebe, die er nach vielen Jahren wieder gefunden hatte. Extra für ihren Einzug hatte er das Haus renoviert. Die Jahre, die hinter ihr lagen, hatten meiner Tante viel abverlangt, und sie wollte sich endlich um sich selbst kümmern. Um ihr eine Freude zu machen, legte ich los. Während ich mit Pinsel und Farben vor einer großen weißen Leinwand stand und darüber nachdachte, was ihr gefallen könnte, kam mir ein Engel mit kindlichem Ausdruck und einem großen roten Herz in den Sinn. Die Farbe Dunkelrot liebte sie, und das Rot in Kombination mit einem tiefblauen Hintergrund würde bestimmt gut aussehen.

Nachdem ich motiviert mit der Malerei begonnen hatte, stellte ich die Leinwand unfertig auf die Seite. Figuren ein Gesicht zu geben, ist schwer, und das begonnene Bild begeisterte mich nicht sonderlich. Der Oberarm des Engels war zu kurz geraten, und damit sah er recht behindert aus. Mir widerstrebte es, an dem Bild weiterzumalen. Die darauffolgenden Wochen sah ich mit wachsendem schlechten Gewissen auf die begonnene Zeichnung, vergaß sie jedoch zwischenzeitlich wieder.

Nachwuchs in Sicht

Als Severino und ich eines Abends im Bett lagen, sah ich für einen Augenblick klar und deutlich ein Baby inmitten eines roten Herzens vor meinem geistigen Auge. Das Bild hatte ich mir weder bewusst ausgedacht noch davon geträumt. Es blitzte kurz und kristallklar auf. Davon erzählte ich am nächsten Morgen meinem Freund und begann herumzualbern, dass wir womöglich Nachwuchs bekämen. Während ich über mögliche Vornamen nachsann, fand Severino das nicht besonders witzig, denn ein Kind war nicht geplant. Meine Monatsblutung war überfällig und Tag für Tag stürzte ich auf die Toilette, in der Hoffnung, das nervenkitzelnde Spiel sei zu Ende, ich war kurz davor, einen Schwangerschaftstest zu besorgen.

Eines Morgens rief meine Tante an. Sie fragte, ob ich sitzen würde, denn etwas Furchtbares sei passiert. Während mir durch den Kopf schoss, ob Opa seine Drohung wahr gemacht hatte und vom Aussichtsturm seiner Heimatstadt gesprungen wäre, begann meine Tante, den Tränen nahe, bedrückt von ihrem Leid zu berichten.

Es sei eine Katastrophe. Sie sei schwanger und das schon im vierten Monat. Bei aller Bereitschaft sie zu trösten, platzte Gelächter aus mir heraus. Kichernd beglückwünschte ich sie. Kinder kämen eben gerne zu ihr, da sie eine gute Mami sei. Nach einigen Minuten tröstenden Zuspruchs meinte meine Tante resigniert, dass ihr wohl gar nichts anderes übrig bleibe, als sich auch zu freuen. Ihr Freund hätte sie anfangs vorsichtig gefragt, ob es ihr etwas ausmache, wenn er sich freue. Er hatte sich ein gemeinsames Baby gewünscht und dieses hatte sich jetzt klammheimlich in die Welt gemogelt. Das Rätsel war gelöst und nach dieser Nachricht stellte sich auch prompt meine Monatsblutung am nächsten Tag ein.

Einige Wochen später stand ein Familientreffen an, und weil ich meiner Tante das Engelsbild mitbringen wollte, setzte ich mich mit neuem Tatendrang an die Arbeit. Als ich das begonnene Werk betrachtete, konnte ich ein breites Grinsen nicht unterdrücken, was für ein Zufall, da war es ja wieder, das rote Herz. Fröhlich pfeifend saß ich gut gelaunt auf der sonnigen Terrasse und schwang den Pinsel. Und in Gedanken an den Neuankömmling nahm die Zeichnung immer klarere Strukturen an. Das Gesicht hob ich mir bis zum Schluss auf und ging dann so behutsam wie möglich vor.

Ich stellte mir vor, dass ich dem Engelchen eine Seele einhauchte und es später über das Baby wachen würde.

Als ich das vollendete Werk betrachtete, war ich stolz.

Auch meiner Tante gefiel das Bild – es sollte im Kinderzimmer seinen Platz bekommen.

Wieder mal hatte es eine erstaunliche Reihe von Zufällen gegeben, und der Nachkömmling kündigte sich genau zur richtigen Zeit an: ein großes Glück in einer Zeit der Trauer.

Tauchen Sie ein in das
Magische Spiel,
das Ihnen Schritt für Schritt
dabei hilft, Ihre Wünsche
in die Tat umzusetzen.
Praktische Beispiele,
Affirmationen und viele
Aufgaben sorgen dafür,
dass Sie am Ball bleiben
und auch der Spaß nicht
zu kurz kommt.

Das Magische Spiel

Meine Geschichten haben Sie neugierig gemacht? Auch Sie würden am liebsten Ihr Leben verändern, aber Sie wissen nicht so recht, wie Sie es anpacken sollen? Auch Sie könnten gut einen kleinen Helfergeist gebrauchen und möchten gern mit der Kraft der Gedanken Wünsche wahr werden lassen? Dann machen Sie mit bei dem aufregenden Spiel, das sie auf den folgenden Seiten finden. Es birgt viele Geheimisse und steckt voller Magie. Lachen Sie nur und amüsieren Sie sich darüber. Ich versichere Ihnen, dass Sie hier Portale finden, durch die Sie in neue Welten treten können. Wie ein Zauberlehrling eignen Sie sich Schritt für Schritt magische Fähigkeiten an, mit denen Sie Ihr ganzes Leben verändern können.

Lassen Sie sich mit jeder Faser Ihres Herzens auf das *Magische Spiel* ein, und Sie werden etliche Überraschungen erleben. Das Spiel benötigt Ihre volle Aufmerksamkeit. Es führt Sie nach und nach an Ihre ganz persönlichen Grenzen, die es für Sie zu überwinden gilt. Überlegen Sie sich in aller Ruhe, ob Sie bereit sind, sich auf das Spiel einzulassen. Machen Sie sich bewusst, dass Sie es nicht mal eben nebenher spielen können, sondern dass Ihre volle Konzentration gefragt ist.

Bedenken Sie auch, dass Sie ehrlich sein müssen, um ans Ziel zu gelangen, vor allem zu sich selbst.

Ihr Wille und Ihre Bereitschaft, wirklich etwas verändern zu wollen, sind gefragt. Weitere Erklärungen brauchen Sie vorerst nicht. Möchten Sie Ihr Leben neu gestalten und alles Ihnen Mögliche dafür tun, dann entscheiden sich sich für das Spiel. Falls Sie Bedenken und ein ungutes Gefühl haben, dann lassen Sie es besser sein.

Haben Sie sich entschieden?

Sollten Sie sich nun wirklich aus vollem Herzen entschieden haben, sich auf das Spiel einzulassen, heiße ich Sie herzlich willkommen.

Schritt für Schritt begleite ich Sie auf Ihrem Weg, erkläre Spielregeln und stelle Ihnen kleine Aufgaben. Dafür legen Sie sich am besten ein Arbeitsbuch an. Verwenden Sie keinen zerfransten Schmierblock, sondern zollen Sie dem *Magischen Spiel* den nötigen Respekt und suchen Sie sich für Ihre Arbeiten ein ganz besonders hübsches Buch aus.

Viel Freude und viele Abenteuer wünsche ich Ihnen. Viele Anlässe zum Lachen, viele verblüffende Momente und viel Mut.

Seien Sie sich gewiss: Die ersten kleinen Wunder werden nicht lange auf sich warten lassen!

Freiheit

Regel 1: Freiheit beginnt in unserem Denken

Jeder von uns wünscht sich, frei zu sein. Träumen Sie manchmal davon, wie wunderbar es wäre, tun und lassen zu können, was Sie wollen? Natürlich können wir nicht einfach unsere Koffer packen, auf fern gelegene Südseeinseln reisen und uns vor allen Verpflichtungen drücken. Doch wir können uns zu einem Großteil freistrampeln und uns überlegen, inwieweit wir uns unserer persönlichen Freiheiten selbst berauben.

Aufgabe

Machen Sie sich bewusst, welchen Zwängen Sie sich freiwillig unterwerfen. Wir wollen alle unabhängig sein. Denken Sie doch erst mal darüber nach, von was Sie abhängig sind und was Sie von der Unabhängigkeit abhält. Notieren Sie alles, was Ihnen einfällt!

Mir selbst fällt eine ganze Menge zum Thema Abhängigkeit ein: zu viel Kaffeekonsum, Zigaretten, maßlose Medikamenteneinnahme, moderne Medien im Übermaß, Alkohol, Süßigkeiten oder fatale Beziehungskonstellationen.

Wir wünschen uns Unabhängigkeit und machen uns andererseits von tausend Dingen abhängig. Haben Sie darüber schon einmal nachgedacht? Oft nehmen wir die vielfältigen Süchte und damit Abhängigkeiten gar nicht mehr als solche wahr. Sondern sie haben sich leise in unseren Alltag geschlichen und sind zum normalen Bestandteil unseres Lebens geworden. Eines haben unsere Süchte gemeinsam. Sie drücken oft tief sitzende Ängste aus, halten uns unfrei und abhängig und rauben uns dauerhaft unsere kostbare Lebensenergie.

Suchtmittel stehlen Aufmerksamkeit

Dabei zeigt sich die Abhängigkeit nicht ausschließlich daran, wie hoch der Konsum des Genussmittels ist, sondern auch daran, wie viel Aufmerksamkeit wir ihm widmen. Nehmen wir das Beispiel eines Rauchers – auch wenn an dieser Stelle sämtliche Raucher aufstöhnen. Dass Rauchen unserem Körper schadet und schleichend in eine Nikotinabhängigkeit übergeht, wissen wir alle, und es obliegt der Entscheidung jedes Einzelnen, ob er seinen Körper damit belasten möchte. Stellen Sie sich vor, Sie sitzen nach einem anstrengenden Arbeitstag gemütlich auf dem Sofa vor dem Fernseher und bemerken, dass Ihre Zigarettenschachtel fast leer ist. Was geht dabei in Ihnen vor? Sie werden unruhig, beginnen zu überlegen, wo und wann Sie die nächste Schachtel Zigaretten kaufen können, lassen sich durch den Kopf gehen, ob Sie noch irgendwo Geldmünzen haben, und denken darüber nach, ob Sie doch noch schnell zur Tankstelle oder dem Supermarkt fahren sollten.

Da es auf dem Sofa sehr kuschelig und gemütlich ist und Sie eigentlich überhaupt nicht nach draußen möchten – womöglich regnet es zu allem Überfluss – überlegen Sie weiter: Steckt vielleicht in irgendeiner Tasche eine vergessene Packung Tabak mit Blättchen? Möglicherweise geraten Sie sich sogar mit dem Partner in die Haare, da dieser nicht bereit ist, Zigaretten zu besorgen, obwohl er eigentlich an der Reihe wäre,

Sie sehen, wie viel Zeit und Aufmerksamkeit ein Raucher seinem Suchtmittel schenkt.

Abhängigkeiten stehlen Zeit

Anderes Beispiel: das Fernsehen. Haben Sie schon mal beobachtet, wie viel Zeit wir vor dem Fernsehgerät verbringen? Während wir anderen beim Kochen, Heiraten, Streiten, Modeln, beim Hausbau oder Sonstigem zusehen, stopfen wir unseren Kopf mit Zeug aus dem Leben anderer voll. In der Zeit, in der wir uns eine Kochsendung ansehen, könnten wir jedoch genauso gut selbst etwas kochen oder sogar jemanden zum Essen einladen und damit etwas Abwechslung in unseren Alltag bringen. Das wäre mit Sicherheit amüsanter, als untätig vor dem Fernsehgerät zu hocken und anderen in ihrer munteren Gesellschaft zuzusehen. Und wie schnell ist vor dem Fernseher plötzlich eine Stunde vorbei! Diese Zeit hätten wir effektiv anderweitig nutzen können, zumal wir doch alle ständig jammern, wir hätten keine Zeit. Nichts als Ausreden! Wie wir unsere Zeit nutzen, könnten wir frei entscheiden – würden wir uns nicht von einem Fernsehgerät abhängig machen.

Dasselbe gilt auch für Menschen, die ständig unter Strom stehen, von Termin zu Termin hetzen, in einem fort überlegen, welche Verpflichtung als Nächstes kommt. Dabei steht es ihnen frei, sich kleine Auszeiten, Stunden oder Nachmittage ohne jegliche Termine, zu gönnen. Wir können einen Schritt langsamer treten. Die Erde dreht sich auch ohne unsere Hektik in ihrer Geschwindigkeit weiter. Wir benötigen Ruhepausen, und wenn wir uns diese nicht selbst gönnen, bekommen wir sie eines Tages von höherer Stelle zwangsverordnet, indem wir uns beispielsweise einen Knochenbruch zuziehen und für einige Wochen lang das Bett hüten müssen.

Die Gedanken sind frei – und bestimmen unser Leben

Wir können also unsere Energie und Zeit darauf verwenden, uns zu überlegen, wie wir uns Zigaretten und sonstige Suchtmittel beschaffen, und auf diese Dinge unsere Aufmerksamkeit richten. Aber diese Zeit hätten wir besser anders und für Schöneres nutzen können. Allein in unseren Überlegungen, im Denken an die Zigarette – oder was immer für ein Suchtmittel Sie beschäftigt – zeigt sich unsere Abhängigkeit. Was wir denken, macht einen Großteil unseres Lebens aus. So haben wir auch die Freiheit, mit unseren Gedanken unserem Leben eine ganz neue Richtung zu geben. Egal, in welcher Lebenslage Sie sich gerade befinden, Sie können sie ab sofort ändern: indem Sie beginnen, sich auf neue Ziele zu konzentrieren. Denken Sie fortan nicht mehr an Dinge, die Ihnen Grund zum Jammern und Klagen geben. Lassen Sie ein fantasievolles Bild vor Ihrem geistigen Auge entstehen, eine Vorstellung Ihres Lebens, die freudige Gefühle in Ihnen wachruft. Dass das – gerade in schwierigen Lebensphasen – nicht immer einfach ist, ist mir bewusst.

Ich erinnere mich gut an die Zeit, als ich vor Schmerzen fast verrückt geworden bin. Als mir damals die Schulmedizin vermittelte, dass ich mich mit der Krankheit arrangieren müsste, habe ich immer wieder gelesen, dass man mittels positiver Gedanken sein Leben verändern kann. Ich habe mir daraufhin eine Zeit lang immer vorgesagt, wie schön das Leben doch sei. Doch das Leben war nicht schön.

Ehrlich gesagt empfand ich damals viele dieser glücksverheißendenen Empfehlungen als Hohn. »Lebe, lächle, sage positive Affirmationen und genieße den Tag.« Sehr witzig, wenn man von Schmerzen gebeutelt wird und nicht mehr ein noch aus weiß.

Doch so schwer manche Situation auch sein mag, ein kleiner Gedanke an etwas Schönes ist trotzdem möglich und lenkt Sie vom Leid ab. Rufen Sie sich ein glückliches Ereignis aus der Vergangenheit in Erinnerung und lassen Sie damit Glücksgefühle entstehen. In winzigen Babyschritten können Sie sich auf diese Art überlisten und sich langsam aus dem dunklen Tal des Leids zum Licht hin bewegen.

Gesundheit: ein Geschenk!

Wer hingegen nicht mit gesundheitlichen Problemen zu käpmfen hat, hat allen Grund zur Freude. Egal, wie schlimm die Situation erscheinen mag. Hey Leute, wir können sehen, hören, schmecken, greifen, laufen und was nicht noch alles.

Es gibt keine Veranlassung zu jammern. Wir sind gesund und dürfen unser Leben leben! Das ist ein großes Geschenk und allein schon ein Grund, glücklich zu sein.

Wir können unsere Aufmerksamkeit auf Dinge richten, die in uns gute Gefühle auslösen und die uns Freude bereiten.

Oft sind das nur kleine Dinge. Jedem von uns steht es frei, worauf er seine Aufmerksamkeit richtet und worüber er nachdenkt. Freiheit beginnt im Denken. Wie das Volkslied schon sagt, sind unsere Gedanken frei.

Wir können uns in unserer Fantasie ausmalen, wie unser Leben aussähe, damit wir glücklich wären. Anstatt jedoch an Schönes zu denken, lassen wir zu, dass eine Vielzahl von negativen und völlig unnötigen Gedanken sich in unserem Kopf tummelt. Mit solchen Gedanken schränken wir uns in unserem Leben selbst ein und weisen uns damit in unsere selbst gesetzten Schranken.

Aufgabe

Notieren Sie sich mindestens fünf Gedanken, die Sie sich heute gemacht haben, die für Ihre Wünsche und Ziele völlig unerheblich sind. Notieren Sie auch die Zeit, die Sie dafür investiert haben.

Seien Sie ehrlich zu sich selbst. In diesem Spiel brauchen Sie niemandem etwas zu beweisen. Sie möchten etwas verändern, und an dieser Stelle kommen Sie nur mit Ehrlichkeit sich selbst gegenüber weiter.

Unser persönlicher Knast

Regel 2: In unserem Gedankengefängnis sind wir sowohl Gefangener als auch Aufseher

Zur Wiederholung

1. Freiheit beginnt in unserem Denken

Oft bedauern wir uns, weil wir uns anderen Menschen oder Behörden hilflos ausgeliefert fühlen. Sie bestimmen über uns und machen es uns unmöglich, eigene Entscheidungen zu treffen. Wir befinden uns in bemitleidenswerten Lebenslagen, von denen wir meinen, ihnen nicht entkommen zu können, und haben daher allen Grund zum Jammern. Wäre es nicht fantastisch, wenn wir es uns allen Schwierigkeiten und Problemen zum Trotz gut gehen lassen und sogar etwas ändern könnten? Im vorigen Kapitel haben wir gelernt, dass Freiheit im Denken beginnt. In diesem Kapitel gehen wir einen Schritt weiter. Ich behaupte, dass wir, wenn wir es uns aus tiefstem Herzen erlauben, etwas Bestimmtes zu bekommen oder zu erreichen, die Grundlage dafür schaffen, dass sich dieser Wunsch früher oder später erfüllt. Es darf keinerlei Zweifel daran geben, dass wir das, was wir uns wünschen, auch verdient haben.

Wenn wir uns beispielsweise ein funkelnagelneues Auto mit etlichem Komfort wünschen, uns im Stillen jedoch einreden, dass es uns gar nicht zusteht, bekommen wir es auch nicht.

Oft erlegen wir uns selbst solche Grenzen oder Regeln auf, die wir gar nicht bewusst wahrnehmen. Bildlich gesehen leben wir in einem Gefängnis, dessen Bedingungen und Begrenzungen wir mit unseren eigenen Gedanken festlegen.

In dem Gefängnis sind wir gleichzeitig Gefangener und Aufseher.

Aufgabe

Stellen Sie sich vor, wie Sie in einer kleinen, dunklen und ungemütlichen Gefängniszelle hocken und von rostigen Eisenstangen eingeschlossen sind. Das schummrige Licht einer funzligen Glühbirne lässt die Gitterstreben lange Schatten werfen. Dicke Mauern, die die Gefängniszelle umschließen, lassen kein Tageslicht herein. Sie kauern ängstlich in zerrissener Anstaltskleidung in einer Ecke und sind dem Aufseher auf Gedeih und Verderb ausgeliefert.

Das Einzige, das Sie tun können, ist, sich Ihre Wünsche in der Fantasie auszumalen und gegenüber dem Aufseher zu äußern. Beispielsweise könnten Sie ihm sagen, dass Sie Appetit auf eine große Pizza hätten. Ob Sie diese bekommen, hängt von der Laune des Wärters ab. Zumindest hätten Sie im Rahmen Ihrer Möglichkeiten etwas getan.

Danach versetzen Sie sich in die Rolle des Aufsehers und stellen sich vor, wie Sie in Ihrer Uniform vor der eisernen Tür mit dem überdimensionalen Schloss stehen, dessen Schlüssel an Ihrem Hosenbund hängt. Als Aufseher entscheiden Sie, ob Sie dem Gefangenen Gutes tun oder nicht. An ihm können Sie Ihren ganzen Frust ablassen und ihn nach Lust und Laune quälen.

Sie allein entscheiden, ob Sie bereit sind, die Wünsche des Gefangenen zu erfüllen, und ob Sie ihn bis ans Ende seiner Tage in der Zelle schmoren lassen oder ihn in die Freiheit entlassen.

Wir stecken alle in unseren persönlichen Gedankengefängnissen fest. Darin gelten die Regeln und Bedingungen, die wir als Wärter selbst aufstellen.

Als Aufseher verhalten wir uns gegenüber unserem Gefangenen gnadenlos, und entsprechend harte Regeln sind an der Tagesordnung. Gleichzeitig haben wir uns als Gefangener schon vor langer Zeit aufgegeben und wagen nicht, gegen den Wächter und dessen strenge Regeln aufzubegehren. Wir sind oft so niedergeschlagen und ohne Hoffnung, dass wir dem Wächter unsere Wünsche gar nicht mehr mitteilen.

Wo setzen wir uns selbst Grenzen?

Ich bin davon überzeugt, dass wir uns selbst unbarmherziger und grausamer als jeden anderen Menschen behandeln und mit uns selbst am härtesten ins Gericht gehen. Die Regeln und Begrenzungen, die in unserem Gefängnis gelten, sind das Resultat unserer Überzeugungen und Gedanken.

Aufgabe

Überlegen Sie sich in der Rolle des Gefangenen, was Sie sich von Ihrem Wärter wünschen. Da es das Gefängnis nur in Ihrer Fantasie gibt, können Sie an diesem Ort alle Wünsche äußern, die Ihnen einfallen.

Nachdem Sie Ihre Wünsche geäußert haben, versetzen Sie sich in die Position des Wärters und überlegen Sie sich, was dieser wohl zu den Wünschen seines Gefangenen sagen und wie er sich verhalten würde.

Rufen Sie sich ab jetzt immer wieder das Bild des Gefängnisses vor Augen und überlegen Sie sich, was Sie als Aufseher Ihrem Gefangenen erlauben würden. Machen Sie sich bewusst, dass Sie am strengsten von allen zu sich selbst sind.

Unterlassen Sie es, andere Menschen für Ihre missliche Lage verantwortlich zu machen. Mithilfe des *Magischen Spiels* lernen Sie, wie Sie selbst nachhaltig in Ihr Leben eingreifen. Doch bevor Sie das können, müssen Sie zunächst erkennen, inwieweit Sie selbst verantwortlich für Ihre derzeitige Situation sind.

Aufgabe

Erstellen Sie eine Zeichnung des Gefängnisses, des Gefangenen und des Gefängniswärters. Überlegen Sie sich, was die zwei sich gegenseitig sagen würden, und schreiben Sie den Dialog in Stichpunkten auf. Was würden Sie als Gefangener Ihrem Wärter sagen und umgekehrt?

Zum guten Schluss notieren Sie sich fünf persönliche und realistische Herzenswünsche in ganzen Sätzen. Zum Beispiel:

Ich wünsche mir einen neuen Partner.
Ich wünsche mir eine neue, hübsche Wohnung.

It's magic

Regel 3: Mit unseren Gedanken beeinflussen wir unsere Realität

Zur Wiederholung

1. Freiheit beginnt in unserem Denken
2. In unserem Gedankengefängnis sind wir sowohl Gefangener als auch Aufseher

Mit Gedanken, die uns den lieben langen Tag durch den Kopf schwirren, erschaffen wir unseren Alltag und kreieren unsere ganz persönlichen Realitäten. Mit unseren Gedanken ziehen wir Menschen und Ereignisse in unser Leben. Ob Sie das glauben oder nicht, spielt keine Rolle. Überzeugungen erlangen wir durch Erfahrungen. Solange wir nicht selbst etwas erlebt haben und für wahr befinden können, glauben wir nicht daran.

Das Ziel des *Magischen Spiels* ist, Ihnen die Möglichkeit zu geben, Erfahrungen zu sammeln, die Ihnen zeigen, wie mächtig Ihre Gedanken sind – und wie Sie diese Gedanken bewusst zu Ihrem Vorteil einsetzen können. Lassen Sie sich auf das Spiel ein, spielen Sie es mit ganzem Herzen und mit allem Fleiß, den Sie aufbringen können. Die Erlebnisse und die damit einhergehenden Erfahrungen hängen von der Intensität Ihres persönlichen Einsatzes ab. Je bereitwilliger Sie sich auf das Spiel einlassen, desto größer sind Ihre Gewinnchancen.

Der einzige Gegner, mit dem Sie bei diesem Spiel konfrontiert werden, sind Sie selbst, mit all Ihren Zweifeln, Ängsten, Überheblichkeiten oder Sonstigem. Themen, über die wir nachdenken, treten in unterschiedlichsten Formen in unser Leben. Darum ist es wichtig, zu reflektieren, über was wir den lieben langen Tag nachdenken und mit was wir uns beschäftigen. Je weniger Ballast wir in unseren Köpfen herumschleppen, umso besser können wir uns auf unsere Ziele konzentrieren.

Verstopfte Gedankenautobahn

Stellen Sie sich etwa vor, dass Sie sich einen neuen Arbeitsplatz wünschen, an dem Sie glücklich sind. Dieser Arbeitsplatz liegt rund tausend Kilometer von Ihrem Zuhause entfernt und ist nur über eine einzige Straße, nämlich eine fünfspurige Autobahn zu erreichen. Diese Autobahn ist ständig mit unzähligen Fahrzeugen überfüllt und der Verkehr kommt immer wieder zum Erliegen.

Stellen Sie sich vor, jedes Auto ist einer Ihrer Gedanken. Der Gedanke darüber, ob der Nachbar eine heimliche Flamme hat, ist dann ein roter Kombi, der Gedanke, was Sie übermorgen noch einkaufen wollen, ein stinkender Laster und der Gedanke, was Ihr Chef wohl gerade macht, ein blauer Kleinwagen.

Mit all den Gedanken, im jetzigen Fall Autos, die überhaupt nichts mit Ihrem Wunsch zu tun haben, verstopfen Sie die Autobahn und versperren sich dadurch selbst den Weg zum Ziel. Das Ziel können Sie erst ansteuern, wenn die Bahn frei ist. Sobald alle Autos, die nichts mit dem neuen Job zu tun haben, von der Straße geräumt sind, können Sie darauf zupreschen und es endlich auch erreichen.

Aufgabe

Beobachten Sie, was Sie den lieben langen Tag über alles denken. Welche Gedanken kommen Ihnen beim Aufwachen und kurz vor dem Schlafengehen in den Sinn, und welche Gedanken begleiten Sie Tag für Tag durch die Woche. Schreiben Sie mindestens eine Woche lang all diese Gedanken auf. Filtern Sie aus diesem Gedankenchaos die Wünsche und Themen heraus, die für Sie wirklich wichtig sind. Versuchen Sie in einem zweiten Schritt dann Ihr Möglichstes, alle unnötigen Gedanken, die Ihre Zielgerade verstopfen, aus der Bahn zu werfen.

Noch ein Beispiel

Stellen wir uns wieder die fünfspurige Autobahn vor. An dessen Ende steht diesmal Ihr Traumpartner. Um zu ihm düsen zu können, muss erst mal wieder die Straße von unnötigem Ballast befreit werden. Verabschieden Sie sich von sämtlichen Gedanken, die nichts mit dem Thema Beziehung zu tun haben, auch Gedanken über Kollegen, Verwandte oder sonstige Menschen sind nicht hilfreich. Schon gar nicht sollten Sie sich Gedanken über die Fernsehserie vom Vorabend machen, und mit Überlegungen, was andere wohl von Ihnen denken, kommen Sie Ihrem Traummann auch kein Stück näher. Volle Konzentration ist gefragt. Versuchen Sie, so wenig wie möglich an etwas zu denken, das mit Ihrem Ziel rein gar nichts zu tun hat.

Trainieren Sie sich ab sofort darin, Unnötiges aus Ihrem Kopf zu verbannen. Richten Sie stattdessen Ihre Aufmerksamkeiten auf Dinge, die für Sie wichtig und von Bedeutung sind.

Unterlassen Sie es künftig, sich von Nachbarn nerven zu lassen, oder sich Gedanken darüber zu machen, wie es wohl in anderen Ehen abläuft. Provozieren Sie keine Streitigkeiten und regen Sie sich weniger über Kleinigkeiten im Alltag auf.

Versuchen Sie, Unschönem aus dem Weg zu gehen und sich möglichst viele Gelegenheiten zu schaffen, in denen Sie sich gut fühlen. Für Ihr Leben ist es ohne Belang, was andere machen oder denken. Es geht jetzt darum, dass Sie sich gut fühlen und Ihre Ziele erreichen.

Als ein Schüler der Magie ist Ihre Aufgabe, diese Regeln so gut wie möglich anzuwenden und in den Alltag mit einzubinden. Fokussieren Sie sich auf etwas, das Sie sich wünschen, und unterlassen Sie unnötigen Gedankenmüll. Dieser Müll hindert Sie daran, Ihre Ziele zu erreichen, und damit machen Sie sich das Leben unnötig schwer.

Übung macht den Meister

Anfangs ist die Übung schwer, da wir nicht gelernt haben, auf unsere Gedanken zu achten. Sie erfordert viel Konzentration.

Legen Sie Pausen ein, wenn sie zu anstrengend wird, und lassen Sie Ihre Gedanken eine Zeit lang wieder frei. Anfangs scheint es ein Ding der Unmöglichkeit zu sein, in das Gedankenchaos Ordnung zu bringen, doch je disziplinierter wir uns darin trainieren, umso leichter fällt es uns mit der Zeit.

Eine gute Möglichkeit, innerlich ruhig zu werden und Unnötiges aus dem Kopf zu verbannen, ist das stille Beobachten. Beobachten Sie ruhig Ihre Umwelt, Ihre Mitmenschen, eben alles, was Ihnen im Alltag begegnet.

Bilden Sie sich dabei keinerlei Meinungen und urteilen sie nicht. Verwandeln Sie sich in einen stillen Zuschauer und lassen Sie alles um sich herum auf sich wirken.

Unterlassen Sie es, zu allem Ihren Senf hinzuzugeben, auch wenn es nur in den Gedanken ist. Aus der Position des stillen Beobachters heraus gibt es viel zu entdecken.

Spazieren Sie durch den Wald oder setzen Sie sich an einen Fluss. Falls Sie es lieber turbulent haben, ist ein großes Kaufhaus ein idealer Ort zum stillen Beobachten. Wenn Sie das nächste Mal einkaufen gehen, versuchen Sie, alles um sich herum so zu betrachten, als würden Sie sich einen Film ansehen. Schauen Sie ganz in Ruhe alles um sich herum an und lassen es, ähnlich wie in einem Traum, auf sich wirken. Sie werden jede Menge Amüsantes entdecken:

Menschen, für die der Einkauf ein öffentlicher Showact zu sein scheint und die aussehen, als stolzierten sie über einen roten Teppich. Oder Hunde, die chancenlos an Leinen hängen und, ob sie wollen oder nicht, hinter ihren Frauchen und Herrchen hergezogen werden.

Ein Einkauf als stiller Beobachter kann zu einem Erlebnis werden. Nachdem Sie Ihren Gedanken auf diese Weise freien Lauf gelassen haben, wird es Ihnen danach leichter fallen, wieder Ihr Ziel in den Fokus zu rücken.

Eines noch: Ob wir uns auf unsere Gedanken konzentrieren oder nicht, ist unerheblich. Auch wenn wir uns nicht bewusst machen, was wir denken, kreieren wir mit den Gedanken unsere Realität und das schon unser ganzes bisheriges Leben lang. Aber wenn Sie lernen, sich auf Ihre Gedanken zu besinnen und sich auf die wichtigen zu konzentrieren, können Sie den Ton angeben und Ihr Leben verändern. Machen Sie sich jeden Abend Notizen, was Sie im Laufe des Tages gedacht haben und welche Gedanken für Ihr persönliches Leben unwichtig sind.

Wortwahl

Regel 4: Worte sind ein mächtiges Handwerkszeug

Zur Wiederholung

1. Freiheit beginnt in unserem Denken
2. In unserem Gedankengefängnis sind wir sowohl Gefangener als auch Aufseher
3. Mit unseren Gedanken beeinflussen wir unsere Realität

Bisher haben wir erfahren, dass wir mit unseren Gedanken unserem Leben eine neue Richtung geben können und es wichtig ist, unnötige Gedanken zu vermeiden, damit wir uns auf das Wichtige konzentrieren können. Von größter Bedeutung ist es ebenfalls, wie wir unsere Gedanken in Worte fassen.

Aufgabe

Nehmen Sie sich Ihre Unterlagen mit den fünf ausformulierten Herzenswünschen zur Hand. Und nun schauen Sie sich die folgenden drei Beispielsätze an:

1. Ich möchte gesund werden.
2. Ich wünsche mir einen neuen Partner.
3. Ich möchte nicht ständig mit dem letzten Geld auskommen müssen.

Das Ziel der Gedanken ist es, Wirklichkeit zu werden. Nachdem die Gedanken losgedacht wurden, machen sie sich urteilslos auf ihre Reise und verfolgen nur ein ganz bestimmtes Ziel, nämlich die Äußerungen und Wünsche ihrer Auftraggeber detailgenau auszuführen.

»Ich möchte gesund werden«

Stellen Sie sich vor, wie Sie sich diesen Wunsch immer wieder aufsagen: »Ich möchte gesund werden, ich möchte ...« Welches Hauptziel würde der Gedanke mit diesem Auftrag verfolgen? Da die Betonung auf dem »werden« liegt, wäre der Gedanke logischerweise bemüht, Ihnen die Gelegenheit zu geben, so lange als möglich krank zu sein, denn nur so haben Sie die Möglichkeit, in das Stadium des »GesundWERDENs« zu gelangen. Da Zeit für Gedanken keine Rolle spielt, wird er alle seine Möglichkeiten ausschöpfen, um dafür Sorge zu tragen, dass Sie, wenn Sie es weiter wünschen, bis zu ihrem Lebensende krank bleiben können. Es gibt also eindeutig Nachbesserungsbedarf. Ein möglicher Korrekturvorschlag wäre: »Mir geht es gut und ab sofort besser und besser.« Oder auch: »Mir geht es gut. Ich bin kerngesund und fit.«

»Ich wünsche mir einen neuen Partner«

In diesem Beispiel äußern Sie den Wunsch nach einem neuen Partner. Der Gedanke möchte Ihnen mit nichts im Wege stehen und ist bemüht, Sie so lange wünschen zu lassen, wie Sie möchten. Von ihm aus können Sie Ihr ganzes weiteres Leben mit Wünschen verbringen und als ewiger und frustrierter

Single enden. Eine mögliche Formulierung für eine bessere Ausgangsbasis wäre: »Ich bin jetzt bereit, meinen neuen Partner kennenzulernen und schon voller Vorfreude.«

»Ich möchte nicht ständig mit dem letzten Geld auskommen müssen«

Mit diesem Satz legen Sie die Kernaussage auf Ihr LETZTES Geld fest. Wenn Sie sagen, dass Sie nicht ständig mit dem letzten Geld auskommen möchten, zieht der Gedanke mit der Information an Ihr letztes Geld los. Er gibt sich alle erdenkliche Mühe, Ihnen immer wieder Rechnungen ins Haus flattern zu lassen, damit Sie am Monatsende mit Ihrem letzten Geld NICHT auskommen. Genau diesen Wunsch haben Sie in Ihrer unbedachten Formulierung geäußert. Ein möglicher Korrekturvorschlag wäre: »Ich habe immer genug Geld, um alle meine Rechnungen zu zahlen. Von Tag zu Tag wird es mehr und am Monatsende habe ich genug übrig, um mir einen Wunsch erfüllen zu können.«

Wir sind als Magier fähig, mit unseren Gedanken, unseren Worten und unseren Taten in unsere Realität einzugreifen und mit diesen mächtigen Werkzeugen reelle Veränderungen herbeizuführen. Unwissentlich tun wir genau das schon unser ganzes Leben lang und dümpeln oft frustriert, traurig, wütend, ratlos und enttäuscht vor uns hin. Es wird Zeit, das Ruder zu übernehmen.

Formulieren Sie ab heute Ihre Wünsche ohne Konjunktive wie würde, hätte, könnte, müsste und so weiter.

Drücken Sie sich keinesfalls so aus, dass Sie sich etwas wünschen. Wenn Sie etwas wünschen, sind Sie mit dem Wünschen beschäftigt, und Sie dürfen selbstverständlich so lange Ihre Wünsche äußern, wie Sie möchten.

Sagen Sie auch nicht, dass Sie irgendwann einmal oder eines Tages und wenn die Zeit dafür reif ist, etwas tun möchten. Irgendwann oder eines Tages kann weit nach Ihrem Ableben sein.

Falls Sie als Zeitangabe übermorgen angeben, wäre in zwei Tagen das Übermorgen wieder übermorgen. Auf diese Art und Weise halten Sie sich den Käse an einer Angelrute vor die Nase und kommen ihm kein Stückchen näher.

Aufgabe

Überprüfen Sie fortan aufmerksam Ihre Formulierungen, damit Sie sich nicht selbst Fallgruben graben. Formulieren Sie Ihre Wünsche als Tatsachen, damit sie sich erfüllen.

Sagen Sie künftig auch nicht mehr, dass Sie etwas nicht möchten, sondern formulieren Sie positiv, WAS genau Sie möchten. Jammern Sie beispielsweise nicht weiter darüber, dass Ihnen das Geld nie reicht, sondern kommen Sie zu der Überzeugung, dass sich ab jetzt Ihr Geld beständig vermehrt.

Trainieren Sie Ihre Denkweise so, dass Sie den Zeitpunkt der gewünschten Veränderung festlegen, am besten immer ab sofort.

Ohne Wenn und Aber

In einem Telefonat mit meiner Schwester fiel mir auf, dass mindestens jeder zweite Satz das kleine und unbedeutend wirkende Wort »aber« enthielt.

Meine Schwester singt in einem Kirchenchor und bekommt wegen ihres schönen Gesangs viele positive Reaktionen.

In einem fort rasselte sie am Telefon herunter, dass sie viele Komplimente bekäme, ABER ihr Können selbst nicht einschätzen könne. Sie wünsche sich zwar, ihren Gesang weiter auszubauen, wisse ABER nicht, ob das realisierbar sei. Wegen ihrer Unsicherheiten äußert sie ihre Wünsche nicht sinnvoll und steht sich selbst im Weg.

- »Ich möchte ja, aber …«, «Ich wünsche mir, aber …« Mit diesen Formulierungen bremst sie sich selbst aus. Was könnte sie stattdessen sagen?
- »Ich wünsche mir, meine Gesangskarriere weiter auszubauen und bin überzeugt, in Kürze ein gutes Angebot zu erhalten, auf das ich mich jetzt schon freue.«
- »Im Geiste sehe ich mich schon in einem namhaften Tonstudio bei einer Plattenaufnahme.«
- »Ich bin jetzt bereit, mit meinem Gesang große neue Schritte zu gehen.«

Einen bösen Reinfall erlitt eine Freundin. Sie fragte mich, wie ich das nur machte, dass meine Wünsche sich immer wieder erfüllten. Nachdem ich ihr empfohlen hatte, eine detaillierte Wunschliste aufzustellen, legte sie hoch motiviert los. Ihr Herzenswunsch war eine kleine Eigentumswohnung.

Es dauerte nicht lange, da trudelte ihre überglückliche Meldung ein, dass sie genau die Wohnung gefunden hätte, die ihren Vorstellungen entsprach: klein und fein, wenige Schritte vom Rhein und vom Stadtzentrum entfernt und genau nach ihrem Geschmack.

Doch kurze Zeit später zeigte sich, dass meine Freundin in eine böse Falle geraten und betrogen worden war. Der Kauf zog einen Rattenschwanz von Problemen und Kosten nach sich, die Material für einen Krimi hätten liefern können. So viel Pech war eigentlich unmöglich. Was war da bloß schiefgelaufen?!

Die Freundin – die sich gerade in einer unruhigen Lebensphase befand – erklärte, dass sie ausdrücklich den Wunsch nach einer Wohnung geäußert hatte, die zu ihr passte, und sie müsse zugeben, dass diesem Wunsch entsprochen worden sei. Schlauer wäre also gewesen, auf dem Wunschzettel mit aufzunehmen, dass die Wohnung gut in Schuss sei, Kosten sich im Rahmen halten sollten etc.

Es ist sinnvoll, weniger unnötiges Zeug zu quatschen und die Konzentration besser auf den Inhalt der Worte zu legen.

»Erst denken, dann sprechen!« – die alte Weisheit trifft in diesem Fall voll zu.

Gefühlswelt

Regel 5: *Wir können unsere Gefühle beeinflussen*

Zur Wiederholung

1. Freiheit beginnt in unserem Denken
2. In unserem Gedankengefängnis sind wir sowohl Gefangener als auch Aufseher
3. Mit unseren Gedanken beeinflussen wir unsere Realität
4. Worte sind ein mächtiges Handwerkszeug

Wir meinen oft, wir seien unseren Gefühlen hilflos ausgesetzt. Natürlich gibt es Situationen, in denen wir allen Grund zu Trauer und Ängsten haben. Diese Gefühle gehören zu unserem Leben dazu und haben ihre Berechtigung.

Und wie sieht unser Alltag aus? An Tagen, an denen die Sonne scheint, wir einer Arbeit nachgehen, einen Partner an unserer Seite haben, im Großen und Ganzen gesund sind und allen Grund hätten, glücklich zu sein, sind wir oft übellaunig und frustriert. Weil vieles nicht so läuft, wie wir es gerne hätten, sind wir unzufrieden und hangeln uns von Jahr zu Jahr, in der Hoffnung, dass sich etwas Gravierendes verändert.

Wir befinden uns in der Ausbildung zu einem Magier. Inzwischen sollte jedem klar sein, wo wir ansetzen können, um Veränderungen herbeizuführen: Ganz klar bei uns selbst!

Mit einer bewussten Steuerung von Gefühlen können wir gravierende Veränderungen in Bewegung setzen.

Übellaunigkeit, Frust, Trauer, Zweifel, Ängste und andere negative Empfindungen bremsen uns aus. Daher besteht Ihre nächste Aufgabe darin, sich Tätigkeiten zu widmen, die Ihnen Freude bereiten.

Aufgabe

Arbeiten Sie daran, Freude zu empfinden und bestenfalls sogar Glücksgefühle entstehen zu lassen. Wie Sie das machen, bleibt Ihnen überlassen. Wichtig ist, dass Sie es tun.

Mögliche Varianten, um Freude wachzurufen:

- Überlegen Sie, was sie gern tun. Wenn jemand beispielsweise gerne zeichnet, reichen ein Bleistift und ein Blatt Papier schon aus, um mit einer Skizze loszulegen und damit erste Glücksgefühle aus ihrem Tiefschlaf wachzurütteln.
- Oft gehen unsere Lieblingsbeschäftigungen im Alltag und unserer beruflichen Auslastung unter. Immer wieder höre ich von Leuten, dass sie dieses oder jenes schon lange tun wollten, doch dafür einfach keine Zeit fänden. Legen Sie los und überlegen Sie sich, was Ihnen Freude bereitet und ohne großen Aufwand realisierbar ist.
- Schon einfachste Handlungen können Freude hervorrufen. Es macht beispielsweise viel Spaß, eine Flaschenpost auf die Reise zu schicken. Oder sind Sie als Kind mit Begeisterung Fahrrad gefahren? Dann schwingen Sie sich

auf einen Drahtesel und machen Sie eine Radtour. Falls Sie kein Fahrrad haben, leihen Sie sich eins.

- Gesetzt den Fall, dass Sie schon so abgestumpft sind, dass Ihnen rein gar nichts einfällt, was Ihnen Freude bereiten könnte, erinnern Sie sich an Ihre Kindheit zurück. Besorgen Sie sich, so albern Ihnen das erscheinen mag, ein Spiel aus Ihrer Kindheit. Wetten, dass es Ihnen Spaß machen wird?!

Auch wenn der Alltag mit Aufgaben und Verpflichtungen gefüllt ist, gibt es irgendwo eine Nische, in der wir uns mit etwas beschäftigen können, das uns Freude bereitet.

Machen Sie sich mit dem Ziel vor Augen ans Werk, Ihren Alltag mit guter Laune, Freude und Gelächter zu füllen. Setzen Sie sich für diese Aufgabe das Ziel, schon morgens beim Aufwachen Freude zu empfinden, ebenso wie abends vor dem Einschlafen. Verwandeln Sie Ihren tristen und grauen Alltag in eine Zeit voller Freude und Herzlichkeit und lassen Sie Ihre Mitmenschen daran teilhaben. Denken Sie nicht weiter nach, tun Sie es einfach!

Gesundheit

Regel 6: Krankheiten entstehen nicht zufällig

Zur Wiederholung

1. Freiheit beginnt in unserem Denken
2. In unserem Gedankengefängnis sind wir sowohl Gefangener als auch Aufseher
3. Mit unseren Gedanken beeinflussen wir unsere Realität
4. Worte sind ein mächtiges Handwerkszeug
5. Wir können unsere Gefühle beeinflussen

Dieses Kapitel basiert auf meinen eigenen Erfahrungen, die mir die Erkenntnis brachten: Krankheiten treten nicht zufällig auf. Sie sind ein Ausdruck für etwas, was in unserem Innersten abläuft. Viele Menschen werden beispielsweise von Krankheiten oder Unfällen ereilt, weil sie sich selbst keine Pausen gönnen. Sie bekommen die nötigen Pausen von höherer Instanz zwangsverordnet.

Mein persönlicher Krankheitsverlauf hat mich mehr oder weniger in eine spirituelle Richtung gezwungen. Die klassische Medizin konnte nicht mehr helfen, weshalb ich mich mit Alternativen zu beschäftigen begann. In der Rückschau ist auffällig, dass ich in Phasen, in denen es mir nach Medikamenteneinnahmen gut ging, die spirituellen Themen völlig vergaß. Jedes Mal wenn ich mich wieder einmal in einem

Krankenbett vor Schmerzen krümmte, erinnerte ich mich daran, dass es da noch etwas anderes geben müsse. Ab dem Tag, an dem ich die Entscheidung traf, eigenverantwortlich und ohne die Krankheit auszukommen, versprach ich unter anderem, Engel, Gott und Glauben nicht mehr aus den Augen zu lassen. Nach diesem Versprechen verschwanden die Krankheit und die Schmerzen wie ein Spuk. Nach all dem, was ich bis zu diesem Zeitpunkt erleiden musste, konnte ich das selbst kaum fassen. Das glich einem Wunder.

Während meiner Krankheit begegnete ich vielen kranken Menschen und lernte, dass Krankheiten nicht zufällig auftreten. Jeder Mensch kann der Ursache seines eigenen Übels auf die Spur kommen. Bei harmloseren Krankheiten treffen oft althergebrachte Redewendungen zu. Die Nase voll haben, könnte sich in einer Nebenhöhlenentzündung äußern.

Oder der Spruch, den Hals bis oben hin von etwas voll zu haben, kann sich in Form von Halsschmerzen bemerkbar machen. Nicht hinhören wollen führt beispielsweise zu Ohrenschmerzen bis hin zu einer Mittelohrentzündung.

Wenn sich jemand zu viel Aufgaben und Arbeit auflädt, könnte sich dies in einem Bandscheibenvorfall oder Rückenschmerzen ausdrücken.

Der Körper als Spiegel der Seele

Krankheiten sind oft ein körperlicher Ausdruck unserer negativen Glaubens- und Gedankenmuster. Wenn wir von Ängsten zerfressen sind, geht das keinesfalls an unserem Körper vorbei. Wenn wir uns selbst ablehnen und von uns selbst nichts halten oder uns als wertlos erachten, wie soll sich dann unser Körper in bester Gesundheit sonnen?! Es ist erstaunlich, dass sich viele Menschen gar nicht fragen, was bei ihnen im Argen liegt und ein Auslöser für die schmerzvollen Körperleiden sein könnte. Manche Menschen sind so sehr auf ihr Äußeres fixiert, dass sie ihr Inneres kaum bemerken, geschweige denn ihm Respekt und Aufmerksamkeit zollen.

Man muss funktionieren, sonst hat man in unserer Gesellschaft verloren. Man darf keine Schwächen zeigen. Nur die Starken bestehen. Damit sind Krankheiten vorprogrammiert: Menschen, die erbarmungslos mit sich selbst umgehen und sich keine Pausen gönnen, dürfen sich schon im Vorfeld auf überhöhten Blutdruck, Schlaganfall oder Herzinfarkt freuen. Abgesoftete Varianten könnten Allergien, Magengeschwüre oder Nierenleiden sein. Der Einfallsreichtum unseres Körpers kennt kaum Grenzen. Wenn Sie das nächste Mal Kopfschmerzen haben, überlegen Sie sich in Ruhe, was oder wer Ihnen gerade auf die Nerven geht. Wenn Sie gefunden haben, was oder wer vermutlich Auslöser Ihrer Kopfschmerzen ist, schließen Sie Frieden mit diesem Menschen oder der Situation – und vor allen Dingen mit sich selbst. Oft reichen einige klärende Worte, um die Schmerzen zu vertreiben.

Bei schlimmen Krankheiten kann jeder Patient nur für sich selbst herausfinden, wo seine persönlichen Krankheitsursachen liegen. Während einer meiner Krankenhausaufenthalte habe ich etwas Spannendes gelernt. Sobald Patienten Klarheit darüber hatten, was sie in ihrem Leben störte, blühten sie von einem auf den anderen Moment auf und trafen gravierende Entscheidungen für ihr weiteres Leben. Es war amüsant, mit welchen Entschlüssen sich viele Patienten aus dem Krankenhaus verabschiedeten. Eine häufige Variante waren Scheidungen und Kündigungen beziehungsweise berufliche Neuorientierungen. Viele Problemberge waren innerhalb von Familienkonstellationen zu finden. Es ist erstaunlich, wenn man miterlebt, wie ein sehr kranker, scheinbar unheilbarer Mensch auf den Gedanken kommt, dass er mit seinem Vater, mit dem er seit langen Jahren zerstritten ist, Frieden schließen könnte – und es ihm von diesem Tag an zusehends besser geht.

Je mehr Frieden wir mit uns selbst, mit anderen Menschen und Situationen schließen, desto gesünder werden wir.

Je größer der Frieden mit uns selbst ist, desto weniger Konflikte erleben wir, denn die Ruhe, die wir in uns tragen, strahlen wir auf andere Menschen aus und diese reagieren wiederum friedlich auf uns.

Unser Körper ist der körperliche Ausdruck unserer geistigen und seelischen Verfassung. Ärzte behandeln Symptome und Chirurgen reparieren oder beseitigen Zerstörtes. Die Wurzel allen Übels können sie nicht beseitigen. Die Auslöser von Krankheiten sind an anderer Stelle zu suchen.

Für ein schmerzfreies Leben ist ein Arbeiten am eigenen Denken und Verhalten unerlässlich. Je fleißiger und bereitwilliger Sie das *Magische Spiel* mitmachen und dieses Handbuch »durcharbeiten«, desto größer ist die Chance, dass Sie positive körperliche Veränderungen an sich wahrnehmen.

Alles lässt sich wohl so nicht in den Griff bekommen. Doch es gibt unzählige Krankheiten, die ein erwachendes Bewusstsein lindern und sogar heilen kann.

Aufgabe

Falls Sie oft an Schmerzen leiden, fragen Sie sich im Stillen, was ein Auslöser dafür sein könnte. Notieren Sie sich mögliche Gründe, die Ihnen dazu einfallen in Ihr Arbeitsbuch. Überlegen Sie sich althergebrachte Redewendungen, die Ihnen dazu einfallen, und ziehen Sie Vergleiche. Falls Sie sich in offensichtlichen Konflikten und Streitereien befinden, tun Sie Ihr Bestmögliches, diese zu bereinigen.

Aktiv werden

Regel 7: Denken und Reden allein reicht nicht, Taten zählen!

Zur Wiederholung

1. Freiheit beginnt in unserem Denken
2. In unserem Gedankengefängnis sind wir sowohl Gefangener als auch Aufseher
3. Mit unseren Gedanken beeinflussen wir unsere Realität
4. Worte sind ein mächtiges Handwerkszeug
5. Wir können unsere Gefühle beeinflussen
6. Krankheiten entstehen nicht zufällig

Im Klugdaherreden sind wir Menschen ziemlich gut. Häufig erzählen wir von unseren Vorhaben und Ideen und davon, dass wir diese eines Tages, irgendwann mal, doch dann ganz bestimmt, in die Tat umsetzen. Mit Denken und Reden alleine ist es nicht getan. Taten sind jetzt gefragt.

Während eines Telefonats mit meiner Schwester murrte ich unzufrieden, dass ich mich als unansehnlich und zu dick empfände. Nachdem ich meinem Unmut ausgiebig Luft gemacht hatte, erzählte ich, dass mich eine Kollegin zu einer Schnupperstunde in ein Fitnessstudio eingeladen hätte und mich die Kursleiterin erwartete.

Andererseits überlegte ich, ob ich nicht beginnen sollte, zu joggen. Da wäre ich an keine festen Zeiten gebunden und hätte keinerlei Kosten. Bevor ich den Besuch im Fitnessstudio ernsthaft in Betracht zog, wollte ich erst einmal in der Jogging-Frage zu einer Entscheidung kommen. Vorerst fand ich es jedoch schwierig, überhaupt mit etwas Neuem zu beginnen, da ich viel für die Prüfung lernen musste und mir vorerst über das Thema Sport keine weiteren Gedanken machen wollte.

Trocken sagte meine Schwester, dass ich sicherlich etliche Kalorien abbauen könnte, indem ich mir noch weiter den Kopf zerbreche, schließlich verbrauche der Körper auch mit Hirnleistungen schon etliche Kalorien.

Als ich nach dem Gespräch über ihre Worte nachdachte, nahm ein Bild in meinem Kopf Gestalt an: Wie ein dicker fauler, rothaariger Kater liege ich auf dem Sofa und versuche, mit Nachdenken abzunehmen. Erschrocken vereinbarte ich in derselben Woche einen Schnuppertag im Fitnessstudio und begann mit ersten kleinen Joggingrunden.

Von der Theorie zur Praxis

Für jedes Problem und zu jedem denkbaren Thema finden Sie massenweise Ratgeber – im Internet oder auf den ausladenden Tischen in Buchhandlungen. Tatsächlich erweisen sie sich oft als nützliche Ratgeber. Doch die Grundlage für eine Veränderung in Ihrem Leben schaffen Sie nur damit: mit Taten. Fühlen Sie sich an dieser Stelle, salopp ausgedrückt, in Ihren Allerwertesten getreten. Tun Sie endlich etwas und reden Sie nicht nur von all dem, was Sie am liebsten machen würden. Handlungen sind gefragt.

Ich stelle in den Raum, dass Sie bisher von Ihren Träumen, Wünschen und Visionen hauptsächlich nur geredet haben.

Das ist von Vorteil, zeigt es doch, dass Sie zu den Privilegierten gehören, die immerhin wissen, was sie möchten.

Weiterhin stelle ich die Theorie in den Raum, dass Ihnen dieses Buch in die Hände gefallen ist, damit Ihnen jemand in aller Deutlichkeit signalisiert, dass es an der Zeit ist, endlich etwas zu tun – jetzt und nicht irgendwann. Labern und Rumreden sind out, Tun ist angesagt! Aktionen bewirken Reaktionen, Handlungen bringen Erfahrungen mit sich.

Solange wir nichts tun, verändert sich nichts. Solange wir das Gleiche wie immer tun, erleben wir immer wieder das Gleiche.

Aufgabe

Tun Sie etwas! Legen Sie los! Setzen Sie sich ein Ziel und machen Sie Ihre ersten kleinen Schritte darauf zu. Konzentrieren Sie sich auf Ihr erklärtes Ziel, formulieren Sie es so, als entspräche es der Realität, stellen Sie sich vor, wie es sich anfühlt, wenn dieser Wunsch Wirklichkeit wird, und tun Sie Ihr Möglichstes, um ganz praktisch darauf hinzuarbeiten.

Für den Anfang reichen kleine Schritte. Hauptsache, Sie beginnen. Sobald Sie erste Überlegungen getroffen haben, stellen sich Energie und neue Ideen automatisch ein. Wichtig ist, überhaupt anzufangen, ganz egal, wie. Wenn Sie beginnen, etwas in Richtung Ihres beglückenden Zieles zu tun, haben Sie keinerlei Gründe mehr, unglücklich zu sein, weil Sie für Ihr Glück arbeiten. Es ist unsere bewusste Entscheidung, ob wir weiterjammern und uns weiterhin unglücklich fühlen möchten, oder ob wir endlich etwas unternehmen, um unser Glück Gestalt annehmen zu lassen.

Wenn Zweifel zuschlagen, halten Sie sich vor Augen, dass auf Aktionen Reaktionen erfolgen. Sie können nichts tun, ohne dass nicht etwas passiert. Indem Sie aktiv werden, bringen Sie einen Prozess in Gang. Mit Optimismus, Willenskraft, Vertrauen, positiven Gedanken und Gefühlen und schließlich dem Wichtigsten überhaupt, dem Tun und Handeln, erhöhen Sie die Chancen, das Ziel schlussendlich zu erreichen. Solange Sie nichts tun, passiert auch nichts. Sie sind der Schöpfer Ihres Lebens, also beginnen Sie und legen Sie los. Tun Sie es einfach, unerheblich, wie groß Ihre Zweifel auch sein mögen.

In kleinen Schritten ans Ziel

Vorerst geht es nicht darum, Wunder zu vollbringen und innerhalb der nächsten Wochen vor vollendeten Werken oder realisierten Träumen zu stehen. Es geht darum, zu begreifen, dass jeder selbst etwas tun kann, um etwas zu verändern. Dafür gilt es, den mittlerweile schon sehr bequem gewordenen Hintern zu erheben und aktiv zu werden. Unerheblich, wie die ersten Schritte aussehen.

Jeder Mensch ist seines eigenen Glückes Schmied. Um ein erfolgreiches und glückliches Leben zu führen, müssen Sie aktiv werden. Das nimmt Ihnen niemand ab! Uns stehen Unmengen von Anregungen, Lehrmaterial, Hinweisen und Fachleuten zur Verfügung. Den letzten Schritt, der gleichzeitig auch der erste ist, muss jeder selbst tun. Für den Anfang genügt es, sich in ersten kleinen Schritten in Richtung Vision zu bewegen, auch wenn Sie der Überzeugung sind, dass Ihnen wichtige Hilfsmittel für die Umsetzung Ihres Projektes fehlen.

Werden Sie kreativ und überlegen Sie sich, wie Sie praktisch tätig werden können. Jeder Mensch befindet sich an seinem persönlichen Ausgangspunkt, ist mit eigenen Erfahrungen und Fähigkeiten ausgestattet. Jeder hat seine eigenen individuellen Wünsche und Visionen.

Nachdem wir uns für ein Ziel entschieden haben und einen ersten kleinen Schritt in seine Richtung wagen, ergeben sich wie von Zauberhand geführt weitere Wege und neue Möglichkeiten, die immer neue Etappen ermöglichen.

Diese Möglichkeiten in der Zukunft kennen wir noch nicht. Deshalb ist es völlig unnötig, sich im Vorfeld Gedanken nach dem Sinn dieser Vorgehensweise zu machen. Wir selbst sind für die Veränderungen verantwortlich. Jammern gilt nicht! Ebenso wenig scheinheilige Begründungen, die gegen unsere Vorhaben sprechen. Denn selbstverständlich kommen uns immer wieder überzeugende Argumente in den Sinn, warum es unmöglich ist, unseren Traum Wirklichkeit werden zu lassen.

Doch sobald wir einen tiefen, endgültigen Herzensentschluss gefasst haben, wirklich etwas verändern zu wollen und aktiv werden, beginnt unser *Magisches Spiel.* Wir beginnen, Einfluss auf unser Leben zu nehmen und es zu gestalten. Tun Sie etwas! Genau darum geht es. Hier ist ein Schlüssel zum Glück versteckt!

Unsichtbarer Begleiter

Regel 8: Ein treuer Helfergeist steht uns zur Seite

Zur Wiederholung

1. Freiheit beginnt in unserem Denken
2. In unserem Gedankengefängnis sind wir sowohl Gefangener als auch Aufseher
3. Mit unseren Gedanken beeinflussen wir unsere Realität
4. Worte sind ein mächtiges Handwerkszeug
5. Wir können unsere Gefühle beeinflussen
6. Krankheiten entstehen nicht zufällig
7. Denken und Reden allein reicht nicht, Taten zählen!

Wir sind von Hilfsgeistern umgeben, die nur darauf warten, uns in unseren Alltagsnöten zu unterstützen. Wer oder was auch immer diese Hilfsgeister sind, sie sind in unserer Nähe.

Seit unserer Kindheit begleiten sie uns und warten nur darauf, dass wir sie um Hilfe bitten, damit sie uns in unserem Alltag unterstützen. Die meisten Menschen haben ihre persönlichen Hilfsgeister schon vor langer Zeit vergessen. Sicherlich sitzt der ein oder andere Geist betrübt und mit gelangweiltem Gesichtsausdruck auf den Schultern dieser Menschen. Er kann nur verzweifelt mit den Augen rollen und, deprimiert über das Tun seines Zöglings, immer wieder ungläubig den Kopf schütteln. Da er von ihm nicht wahrgenommen wird, hat er geringe Chancen, produktiv in dessen Leben einzugreifen. Prinzipiell ist der Hilfsgeist ein äußerst geduldiger Geselle, doch auch ihm kann eines Tages der Geduldsfaden reißen. Dann versucht er lautstark, auf sich aufmerksam zu machen, und brüllt, so laut er kann. Dieses Brüllen und Schreien nehmen wir als innere Stimme wahr – wenn wir sie wahrnehmen. Denn oft haben wir verlernt, dieser Stimme Gewicht zu geben und auf ihre Ratschläge zu hören. Da kann, welcher Geist auch immer, so laut schreien und trampeln, wie er will. Er bleibt ungehört. Vielleicht sind Sie der Meinung, dass es sich hierbei um einen Mythos, ein Märchen oder eine schöne Geschichte handelt. Deshalb wartet auch schon die nächste Aufgabe auf Sie.

Aufgabe

Lernen Sie jetzt Ihren persönlichen Helfergeist kennen. Versuchen Sie, spielerisch und entspannt an die Sache heranzugehen und offen zu sein, unabhängig davon, wie albern Sie das finden mögen. Jeder von uns hat schon das ein oder andere Mal gesagt, dass wenn er auf seine innere Stimme gehört hätte, Dinge anders und sogar besser verlaufen wären. Jetzt gilt es, sich für diese innere Stimme zu sensibilisieren und ihr volle Aufmerksamkeit zu schenken.

Schließen Sie die Augen und stellen sich Ihren persönlichen Helfergeist vor. Ihrer Fantasie sind keine Grenzen gesetzt.

Es ist völlig unerheblich, was Sie sich für ein Bild von Ihrem Schutzengel machen. Auch wenn Sie sich dabei noch so lächerlich vorkommen, tun Sie es einfach. Denken Sie nicht darüber nach.

Sehen Sie in Ihrer Vorstellung Ihrem Gehilfen bewusst tief in die Augen und begrüßen Sie ihn mit einem herzlichen Händeschütteln. Entschuldigen Sie sich dafür, dass Sie ihn bisher nicht wahrgenommen haben und erklären Sie ihm, dass Sie ihm von nun an Ihre ganze Aufmerksamkeit schenken. Bedanken sich vorab für seine zukünftigen Hilfsdienste.

Gespräch im Stillen

Stellen Sie sich vor, wie Ihr Helfergeist auf Ihre Worte reagiert und was er Ihnen darauf antwortet. Sie brauchen niemandem davon zu erzählen und damit Gefahr laufen, sich zum Gespött zu machen. Schlussendlich gibt es nur einen Menschen, der Sie als kompletten Spinner abstempeln kann, und das sind Sie selbst. Damit können Sie sicherlich leben.

Im Gegenzug haben Sie die Chance, neue Erfahrungen zu sammeln. Es liegt vor allem an Ihrer Offenheit und Ihrem Willen, Ihren Helfergeist kennenzulernen. Bitten Sie ihn nach der Begrüßung, in Zukunft so auf sich aufmerksam zu machen, dass Sie ihn hören und verstehen können.

Machen Sie sich keine Gedanken darüber, dass Sie noch nicht zwischen Ihren eigenen Fantastereien und der Stimme des Helfergeistes unterscheiden können. Anfangs reicht es, immer wieder aufmerksam in sich hineinzulauschen.

Unser Helfergeist kann uns in vielen Dingen, die uns im Alltag den letzten Nerv rauben, unterstützen. Er flüstert uns während des Einkaufens zu, an welche Lebensmittel wir noch denken sollten, oder erinnert uns am Arbeitsplatz an dringende Arbeiten, die wir ohne ihn vergessen hätten.

Er weist uns möglicherweise darauf hin, dass wir etwas später abfahren sollten, und wir entgehen einem Stau oder sogar einem Unfall. Leise raunend macht er uns darauf aufmerksam, dass mal wieder ein Arztbesuch fällig sei oder das Auto in die Werkstatt gebracht werden müsste. Auf diese leisen Eingebungen, die uns in den Sinn kommen, achten wir wegen der tagtäglichen Reizüberflutung kaum noch.

Beobachten Sie also das nächste Mal, wenn Sie sich in Entscheidungsnot befinden, ganz gezielt, welche Gedanken Ihnen durch den Kopf gehen. Gehen Sie dann dem Rat nach, der Ihnen als Eingebung in den Sinn kommt, vor allem, wenn Sie sich eigentlich ganz anders entscheiden würden. In Situationen, in denen Sie bemerken, dass Ihre innere Stimme anderer Meinung ist als Sie, lernen Sie am besten, dass Ihnen ein unabhängiger Helfer zur Seite steht. Und dass Sie sich, wenn Sie seinen Ratschlägen Folge leisten, viele Unannehmlichkeiten ersparen. Bringen Sie den Mut auf, bei nächster Gelegegenheit auf Ihre innere Stimme zu hören, auch wenn der Hinweis Ihres kleinen Helfers Ihrer eigenen Meinung widerspricht.

Sie trauen sich nicht so richtig? Nur Mut. Das Schlimmste, das Ihnen passieren kann, wäre, falsch zu entscheiden. Wäre das wirklich so schlimm? Immerhin stehen die Chancen 50 zu 50 – für eine richtige ebenso wie für eine falsche Entscheidung.

Verabschieden Sie sich davon, dass Sie alles erklären können und recht haben. Sondern wagen Sie, auf Ihren Helfergeist zu hören. Am besten klappt das mit einer gesunden Portion Humor und indem man alles etwas leichter nimmt. In einer Konfliktsituation, in der Ihre innere Stimme eine andere Ansicht als Sie hat, liegt die Chance verborgen, Ihren Helfergeist kennenzulernen. Erst, wenn Sie seinem Rat gefolgt sind und sich zu guter Letzt alles zum Guten aufgelöst hat, bekommen Sie eine Ahnung davon, wer oder was mit dem Helfergeist gemeint ist.

Aufgabe

Lauschen Sie fortan immer wieder in sich hinein und richten Sie sich nach den Empfehlungen Ihrer inneren Stimme. Schreiben Sie Ihre Gedanken und Erlebnisse mit Ihrer inneren Stimme in Ihr Arbeitsbuch, so können Sie besser Zusammenhänge erkennen.

Indem Sie Ihre Erlebnisse notieren, werden Sie nach und nach feststellen, dass etwas nicht mit rechten Dingen zuzugehen scheint, und im Laufe der Zeit lernen Sie, dass Sie sich auf Ihre innere Stimme verlassen können. Allmählich entwickelt sich der stille Helfergeist zu einem treuen Ratgeber und schon bald möchten Sie ihn nicht mehr missen. Es kann gut sein, dass Sie sogar damit beginnen, ihren geistigen Helfer ganz bewusst um Rat zu fragen. Führen Sie aber besser keine lauten Gespräche in der Öffentlichkeit mit ihm, das könnte für Erheiterung sorgen.

Unsere innere Stimme kennen wir alle. Wir sehen sie jedoch nicht als unseren unabhängigen Berater an, und das gilt es nun zu lernen. Wer oder was auch immer diese innere Stimme ist, ist unerheblich. Fakt ist, dass wir sie wahrnehmen und dass ihre Ansichten und Meinungen oft von unseren abweichen. Indem wir der inneren Stimme eine fantasievolle Gestalt geben, nehmen wir sie besser als eigenständige Persönlichkeit wahr. Also: Welche Gestalt geben Sie Ihrer inneren Stimme?

Altlasten

Regel 9: Wir dürfen alte Denkmuster über Bord werfen!

Zur Wiederholung

1. Freiheit beginnt in unserem Denken
2. In unserem Gedankengefängnis sind wir sowohl Gefangener als auch Aufseher
3. Mit unseren Gedanken beeinflussen wir unsere Realität
4. Worte sind ein mächtiges Handwerkszeug
5. Wir können unsere Gefühle beeinflussen
6. Krankheiten entstehen nicht zufällig
7. Denken und Reden allein reicht nicht, Taten zählen!
8. Ein treuer Helfergeist steht uns zur Seite

Sicherlich erinnern Sie sich an Sprüche und Lebensweisheiten, die Ihnen in Ihrer Kindheit und Jugend mit auf den Weg gegeben wurden.

- Mach die Augen zu, dann siehst du, was dir gehört.
- Geld liegt nicht auf der Straße.
- Was denkst du eigentlich, wer du bist?
- Glaubst du, du bist etwas Besonderes?
- Was sollen denn die Nachbarn von dir denken?
- Häng nicht nur so rum und mach etwas Sinnvolles.
- Das Leben ist kein Wunschkonzert.
- Sünder kommen in die Hölle.

Aufgabe

Überlegen Sie in aller Ruhe, welche Sprüche Ihnen aus Ihrer Kindheit und Jugend geläufig sind und schreiben Sie diese in Ihr Arbeitsbuch.

Es ist gut möglich, dass uns früher solche Aussagen gar nicht aufgefallen sind, schließlich waren wir Kinder und haben urteilslos die Überzeugungen der Erwachsenen als unsere eigenen Wahrheiten verinnerlicht. Ohne uns dessen immer bewusst zu sein, schleppen wir solche Überzeugungen von anderen bis heute als Bürden mit uns herum und denken in genau diesen Strukturen. Es ist unerheblich, ob wir damals die Aussagen bewusst oder unbewusst wahrgenommen und ob wir diese »klugen« Sprüche negativ oder positiv beurteilt haben. Fakt ist, dass wir den vermeintlichen Weisheiten Einlass in unseren Kopf gewährt haben. Mit diesen Ratschlägen, im wahrsten Sinne des Wortes Schläge, geißeln wir uns unbewusst bis heute. Die Glaubenssätze von einst nehmen einen gravierenden Einfluss auf unser Leben und wirken sich teilweise in erschreckender Intensität aus.

Ein Beispiel: Führen Sie gerade eine glückliche Partnerschaft? Falls das nicht der Fall sein sollte, denken Sie einmal darüber nach, wie Sie sich selbst einschätzen. Vielleicht haben Sie in Ihrer Kindheit immer wieder den Spruch gehört: Du bist doch nichts Besonderes. Stell dich nicht in den Mittelpunkt. Spiel dich nicht so auf. Oder beispielsweise könnten Sie Folgendes von sich denken: Ich bin nichts wert, ich bin hässlich, ich bin nicht gut genug, ich bin dumm, ich verdiene keine Liebe, ich verdiene keine Beachtung, ich bin unfähig, anderen geht es viel besser, ich bin nicht begehrenswert, ich kann nichts, ich mache immer alles falsch, und so weiter und so weiter. Wenn Sie so denken, dann lesen Sie nun das folgende Märchen.

Das Märchen von der depressiven Prinzessin

Einer kleinen Prinzessin wurde von ihrer bösen und eifersüchtigen Stiefmutter immer wieder gesagt, dass sie nichts wert und hässlich wie die Nacht sei. Der bösen Frau war es nicht vergönnt, eigene Kinder zu bekommen, und so ließ sie ihren Unmut an dem unschuldigen Kind aus. Das Mädchen stellte die bösen Worte der vor Eifersucht zerfressenen Stiefmutter nicht infrage, denn eine Frau, die ihr Vater liebte, musste doch die Wahrheit sprechen. Welch prächtige Seidengewänder die Prinzessin auch trug und wie hübsch sie auch von den Zofen zurecht gemacht wurde, sie fand sich schon in früher Jugend überaus hässlich.

Das Allerschlimmste für sie war, sich in der Öffentlichkeit zeigen zu müssen. Zu groß war ihre Scham. Tieftraurig zog sie sich oft in ihre Gemächer zurück und lebte ein stilles und einsames Leben. Sie wurde älter, und es kam der Tag, an dem sie mit dem Prinzen aus dem Nachbarreich vermählt wurde. Der Prinz war voller Stolz im Angesicht seiner hübschen jungen Vermählten. Doch mit der Zeit fiel ihm eine depressive Verstimmung an ihr auf und er fragte, was ihr fehle. Traurig erklärte sie, dass sie hässlich und keinesfalls liebenswert sei. So sehr der Prinz auch versuchte, ihr diese Gedanken auszureden, ließ es sich nicht vermeiden, dass er seine Frau bald mit anderen Augen anzusehen begann und sie auch nicht mehr für so hübsch wie zu Anfang hielt.

Ihre Trauermiene und die Jammerfalten um die Mundwinkel verliehen ihr ein tristes und oft mürrisches Aussehen. Wenn er es sich genau überlegte, hatte sie damit recht, dass sie unattraktiv war. Er begann, sich darüber zu wundern, wie er sich nur so getäuscht haben konnte und in dieser hässlichen Frau einst eine wunderhübsche Frau gesehen hatte.

Die Ehe stand bald vor dem Zusammenbruch. Ein Zufall wollte es, dass eine gute Fee in das Leben der Prinzessin trat. Die Fee führte ein ernstes Gespräch mit der Prinzessin und erklärte ihr, dass sie alle Schönheit der Welt in sich selbst trage. Dies müsse sie jedoch erst selbst erkennen, damit es auch für andere Menschen ersichtlich werde, denn niemand anders könne sie schön finden, wenn sie es nicht einmal selbst könnte.

Die gute Fee stellte der Prinzessin eine Aufgabe: Jeden Tag sollte die Prinzessin sich vor den Spiegel stellen und sich selbst Komplimente machen. Die Prinzessin tat, was die Fee ihr geraten hatte. Allmählich vollzog sich eine wundersame Veränderung. Die Prinzessin verspürte neue Lebensfreude und ging oft hinaus in den Park, um die Schönheit der Blumen zu bewundern und dem Gesang der Vögel zu lauschen. Sie begann, regelrecht aufzublühen, und es schien, als würde sie von Tag zu Tag hübscher und hübscher. Ihr Gemahl beobachtete mit Verwunderung ihre Verwandlung und sein Herz begann bald wieder wie am ersten Tage für sie zu schlagen. Er erkannte in seiner Frau die schöne Frau, die er geheiratet hatte, und beide lebten fortan für den Rest ihres Lebens glücklich und zufrieden miteinander.

Nur ein Märchen?

Ob sich nur im Märchen eine Prinzessin schöndenken kann?

Aus eigener Erfahrung habe ich erlebt, wie das, was man über sich selbst denkt, Ausstrahlung und Aussehen verändern kann. Gerade ist die gute Fee auch in Ihr Leben getreten und möchte Sie daran erinnern, dass auch in Ihnen viel Schönheit steckt, die Sie selbst erkennen und damit auch für andere sichtbar machen können. Ganz egal, wie groß oder klein Ihre Nase, wie üppig oder spärlich Ihr Busen ist oder welche Form Ihr Hintern hat, auch Sie haben schöne Seiten und Ihre ganz persönlichen Vorzüge. Falls etwas nicht so hübsch ist, kann man heutzutage Korrekturen aller Art vornehmen lassen, und dies könnten Sie, falls es Ihnen ein solch großes Bedürfnis sein sollte, als Herzenswunsch mit auf Ihre Wunschliste setzen.

Aber auch ohne operativen Eingriffe ist vieles möglich. In erster Linie geht es darum, die eigene Meinung über sich selbst zu erkennen. Beginnen Sie damit, sich selbst Komplimente zu machen, und gehen Sie ab heute liebevoller mit sich um.

Betrachten wir uns noch einmal gemeinsam einige Denkmuster, die Sie aus der Vergangenheit mit sich herumschleppen.

- Sind Sie der Annahme, dass Sie selbst kaum etwas wert und auch nicht besonders hübsch sind? Machen Sie diesem Denken ein Ende und beginnen Sie, sich gut zu finden!
- Bekamen Sie früher zu hören, dass das Leben hart und anstrengend ist, und gehen Sie heute einer Arbeit nach, die Ihnen viel Kraft abverlangt und nach der Sie oft völlig erschöpft nach Hause kommen? In diesem Fall

können Sie sich ab jetzt sagen, dass auch Sie ein Anrecht darauf haben, dass die Tätigkeit, mit der Sie Ihren Lebensunterhalt bestreiten, Ihnen Freude bereiten darf.

- Bekamen Sie früher immer gesagt, dass Sie ein Nichtsnutz mit zwei linken Händen sind? Fragen Sie sich deshalb heute noch ständig, ob Sie Ihre Arbeit gut genug machen, und zweifeln Sie wiederholt, ob Sie von Menschen aus Ihrem Umfeld akzeptiert werden?

Alte Glaubensmuster können einen so großen Einfluss auf unser heutiges Leben nehmen, dass Pech und Leid daraus resultieren.

Sie haben in unserem *Magischen Spiel* gelernt, dass nichts Neues passiert, wenn wir nichts Neues unternehmen. Es ist an der Zeit, diese alten verflixten Denkmuster aufzulösen und ein Leben frei von ihnen zu führen. Diese Glaubensmuster sind mächtige Dämonen, gegen die wir jetzt aufbegehren.

Als angehender magischer Meister sind Geduld und Konsequenz gefragt, denn Überzeugungen, mit denen wir seit Jahren unser Leben gestalten, können nicht von jetzt auf gleich aufgelöst werden. Dies nimmt einige Zeit in Anspruch und benötigt Disziplin und Durchhaltevermögen! Damit wir Glaubensmuster auflösen können, gilt es, diese überhaupt zu erkennen.

Aufgabe

Nehmen Sie Ihr Arbeitsbuch zur Hand und überlegen, ob Ihnen zusätzlich zu den bereits notierten Denkmustern noch weitere einfallen, und schreiben Sie diese dazu. Schreiben Sie daneben

Sätze über Ihre gegenwärtige Lebenssituation, mit allem, was Ihnen daran missfällt. Nach der Gegenüberstellung betrachten Sie bitte abwechselnd Ihre Überzeugungen und die Dinge, die Sie gern ändern würden. Versuchen Sie, Zusammenhänge zu erkennen. Mit Sicherheit fällt Ihnen mindesten einer auf. Diese Aufgabe können Sie auch gemeinsam mit Geschwistern oder guten Freunden, die Sie schon lange kennen, erarbeiten. Deren Denkmuster sind oft ähnlich geprägt, Ihre festgefahrene Situation können sie aber objektiver beurteilen.

Aufgabe

Formulieren Sie nun Ihre Glaubensmuster so um, dass die negative Botschaft zu einer positiven wird.

- Ich bin nichts. ➢ Ich bin ein wertvoller Mensch.
- Ich kann nichts. ➢ Ich habe viele Fähigkeiten und Eigenschaften, die mich auszeichnen.
- Ich bin blöd. ➢ Das, was ich möchte, erreiche ich, und ich bin clever.
- Ich bin ungenügend. ➢ Ich bin wertvoll.
- Ich bin es nicht wert, geliebt zu werden. ➢ Ich bin toll, wie ich bin, und bin es wert, geliebt zu werden.
- Ich strenge mich immer an. ➢ Arbeit macht mir Freude und fällt mir leicht.
- Ich bin nur eine Frau. ➢ Als Frau bin ich etwas ganz Besonderes.
- Ich arbeite hart für mein Geld. ➢ Mit Arbeiten, die mir Freude bereiten, darf ich meinen Lebensunterhalt verdienen.
- Das Leben ist grausam und hart. ➢ Mein Leben ist voller Freude und schöner Erlebnisse.

- Mach die Augen zu, dann siehst du, was dir gehört. ➢ Wenn ich die Augen schließe, sehe ich vieles, das mir Freude bereitet.

Aufgabe

Schreiben Sie die positiven Aussagen, die Ihre persönlichen negativen Glaubensmuster aufheben, zusätzlich auf Zettel oder Pappen und kleben Sie diese rund um Ihren Badezimmerspiegel. Jedes Mal, wenn Sie jetzt zur Toilette gehen, lesen Sie mindesten einen Satz und wiederholen ihn mit geschlossenen Augen. Gehen Sie dieser Aufgabe kontinuierlich bei jedem Toilettengang nach. Wiederholungen sind wichtig, denn es geht darum, dass Sie sich mit positiven Überzeugungen impfen und die negativen von ihren langjährigen Plätzen vertreiben.

Offenheit

Regel 10: Aktionen ziehen Reaktionen nach sich

Zur Wiederholung

1. Freiheit beginnt in unserem Denken
2. In unserem Gedankengefängnis sind wir sowohl Gefangener als auch Aufseher
3. Mit unseren Gedanken beeinflussen wir unsere Realität
4. Worte sind ein mächtiges Handwerkszeug
5. Wir können unsere Gefühle beeinflussen
6. Krankheiten entstehen nicht zufällig
7. Denken und Reden allein reicht nicht, Taten zählen!
8. Ein treuer Helfergeist steht uns zur Seite
9. Wir dürfen alte Denkmuster über Bord werfen

Wie Sie bereits gelernt haben, braucht es Handlungen, um Veränderungen in Ihrem Leben herbeizuführen. Und es braucht neue Handlungen, damit Sie Neues erleben. In diesem Kapitel geht es darum, offen auf andere Menschen zuzugehen, darum, persönliche Grenzen zu überwinden und so neue Erfahrungen zu machen.

Aufgabe

Wählen Sie sich in Gedanken einen Menschen aus Ihrem engsten Umfeld aus, zu dem Sie derzeit kein gutes Verhältnis haben. Je größer die Unstimmigkeit, gegebenenfalls sogar ein Streit, desto besser. Gehen Sie auf ihn zu und tun Sie etwas, was Sie eigentlich gar nicht wollten.

Sie könnten beispielsweise einen verhassten Kollegen zu einer Tasse Kaffee einladen oder ein Familienmitglied, mit dem Sie sich überworfen haben, anrufen. Wenn Sie an dieser Stelle ungute Gefühle oder sogar Angst bekommen, ist das genau richtig, besser könnte es nicht sein. Unsere Arbeit besteht darin, unser Leben zu verändern, und ein erklärtes Ziel ist, glücklich zu werden. Und wie auch immer Ihr Gegenüber reagiert, irgendeine Reaktion wird Ihre Aktion mit Sicherheit zur Folge haben.

Stellen Sie sich vor, wie Sie zu dem ungeliebten Kollegen gehen, der Sie seinerseits auch nicht ausstehen kann, und ihn zu einer Tasse Kaffee einladen. Was könnte passieren? Er könnte Ihnen schroff zu verstehen geben, dass Sie besser das Weite suchen sollten. Schon in diesem Fall hätten Sie etwas bewirkt. Wahrscheinlich würde sich der Kollege als Erstes fragen, welchen Zweck Ihre Einladung wohl haben könnte. Vielleicht würde er die Einladung ausschlagen. Daraufhin könnten Sie einen weiteren freundlichen Versuch starten und ihm zu verstehen geben, dass Sie bereit dazu wären, sich zukünftig ihm gegenüber anders zu verhalten, um zu einem besseren Miteinander beizutragen. Falls sich der Kollege weiterhin nicht auf Ihre Einladung einlässt, lassen Sie es dabei bewenden. Sie hätten Ihr Bestmöglichstes getan und könnten stolz auf sich sein. Andererseits könnte es – je nach Sturheitsgrad des Kollegen und Dauer des vorangegangenen Konflikts – tatsächlich zu einem Kaffeekränzchen kommen, Ausgang: offen.

Aktionen erzeugen Reaktionen, das ist ein kosmisches Gesetz. Im besten Fall schaffen wir es, mit unseren Aktionen schlechte in gute Gefühle umzuwandeln. Je freundlicher wir auf andere zugehen, desto sicherer können wir sein, selbst freundlich behandelt zu werden. Haben Sie schon einmal einem Menschen in einer Einkaufsschlange ganz bewusst zugelächelt oder sogar einige freundliche Worte gesagt?

Wenn ja, wie hat der andere darauf reagiert?

Reaktionen ernten wir nicht zufällig

Probieren Sie es bei Ihrem nächsten Einkauf aus und lächeln Sie einen Fremden an. Sie können noch eins draufsetzen und ihm etwas Nettes sagen. Wie würde dieser Mensch wohl darauf reagieren? Oder was würde im Gegenzug passieren, wenn Sie einem Fremden lautstark erklären würden, dass dieser schlecht gekleidet ist und streng riecht? Mit Sicherheit können wir in beiden Fällen mit Reaktionen rechnen und uns ausmalen, wie diese wohl aussehen …

Wie eine Reaktionen ausfallen mag, geben Sie selbst vor, mit Ihrer Gemütsverfassung, Ihrer Einstellung, Ihrem Glauben, Ihrem Vertrauen, Ihren Gefühlen, Ihrer Beharrlichkeit und Ihrer Zielstrebigkeit. Nichts passiert zufällig. Alles sind Resultate vorangegangener Gedanken, Gefühle oder Handlungen.

Auf alles, das wir nach außen senden, bekommen wir irgendwann eine passende Antwort.

Kaffeekränzchen mit Folgen

Kehren wir noch mal zum Kaffeekränzchen mit dem ungeliebten Kollegn zurück. Machen Sie sich Gedanken darüber, wie Sie vorgehen und was Sie sagen könnten. Setzen Sie sich ein schönes Ziel. Denken Sie daran, dass sich jeder Mensch über Zuwendung und Aufmerksamkeit freut, unabhängig davon, wie die gegenwärtige Situation ist und was ihr potenzieller Gegner über Sie denkt. Bleiben Sie offen und denken nicht mehr darüber nach, weshalb Sie Ihr Gegenüber nicht mögen oder unerträglich finden. Sondern, versuchen Sie, ohne Vorbehalte auf es zuzugehen. Vergessen Sie Ihren Streit, und begegnen Sie ihm ohne Groll. Geben Sie Ihrem Kontrahenten von Anfang an das Gefühl, wichtig zu sein, auch wenn Sie sich die ersten freundlichen Worte heiser aus der Kehle würgen müssen.

Seien Sie dabei ehrlich, ohne verletzend zu werden. Rufen Sie sich immer wieder die Tatsache in Erinnerung, dass jeder, wirklich jeder Mensch geliebt werden möchte. Wenn wir jemandem auf den Kopf zusagen, wie scheiße und unmöglich wir ihn, sein Verhalten und seine Handlungen empfinden, ahnen wir schon, wie er reagieren wird. Wenn wir unsere Worte hingegen einfühlsam formulieren und jemandem zu verstehen geben, dass wir mit seiner Handlungsweise nicht umgehen könnten und uns sogar schlecht dabei fühlten, lösen wir bei dem Gegenüber mit größter Wahrscheinlichkeit einen Denkprozess aus.

Denn auch er möchte akzeptiert und im Innersten seines Herzens geliebt werden, und er ist demensprechend bemüht, nichts Falsches zu machen oder zu sagen.

Wenn wir ihm freundlich erklären, dass wir uns schlecht bei seinen Handlungen fühlen, wird er, anstatt in die Luft zu gehen, darüber nachdenken, was er besser machen könnte, um uns wiederum zu gefallen. Es gibt immer und überall Ausnahmen, doch die Chance ist sehr groß, dass es sich so verhält.

Über den eigenen Schatten springen

Mit solch einer Aktion lernen wir, über unseren eigenen Schatten zu springen. Nervöses Kribbeln in der Magengegend bis hin zu Magen- oder Kopfschmerzen und dem Drang, ständig auf die Toilette zu müssen, ist dabei völlig normal. Schließlich müssen wir über unseren Schatten springen und unser Ego hintenanstellen. Mit solchen Handlungen beginnen wir, bewusst unser Leben zu verändern, weil wir entgegen unseren bisherigen Überzeugungen handeln.

Solche Aufgaben habe ich mir immer wieder selbst gestellt. Wenn ich mir aufgrund meiner Ängste und Zweifel etwas nicht zutraute, habe ich mich immer wieder gefragt, was mir im schlimmsten Fall passieren könnte.

Was kann Ihnen im schlimmsten Fall blühen, wenn Sie jemanden zu einer Tasse Kaffee einladen, den Sie nicht leiden können? Wäre der schlimmste Fall wirklich schlimm? Ist es nicht den Versuch wert, einmal etwas zu wagen? Wenn es uns gelingt, allen Ängsten und Zweifeln zum Trotz, über unseren eigenen Schatten zu springen und wir mit unserem Einsatz andere Menschen beglücken, dürfen wir an dem Glück, das wir auslösen, teilhaben. Je größer die Hürde ist, die es zu nehmen gilt, desto größer ist hinterher das Glücksgefühl, das wir in Empfang nehmen dürfen. Sie möchten glücklich sein? Dann legen Sie los und beglücken Sie Ihre Kontrahenten. Mit Freundlichkeit und Respekt können wir vieles erreichen, denn jeder Mensch freut sich über Aufmerksamkeit.

Ich bin mir sicher, dass wir dadurch, indem wir anderen Menschen bewusst schaden und Ihnen Unglück, Schmerzen oder gar Schlimmeres bereiten, eine Grundlage dafür schaffen, dass es uns eines Tages selbst schlecht geht. Irgendwann bekommt jeder seine Quittung. Ob man daran glaubt oder nicht, ist vorerst unerheblich. Es kann sicherlich nichts schaden, zukünftig fair und etwas freundlicher mit anderen umzugehen. In unserer Welt herrscht genug Trübsal und Leid. Doch anstatt über alles Schlechte zu jammern, können wir damit beginnen, in unserer nächsten Umgebung etwas zum Guten hin zu verändern und unseren Mitmenschen Freude bereiten. Wenn wir es schaffen, einem Menschen an der Kasse ein Lächeln abzuringen, könnte dies, so traurig das ist, für den anderen ein Highlight des Tages sein.

Aufgabe

Sprechen Sie bei Ihrem nächsten Einkauf jemanden an und sagen Sie ihm etwas Nettes. Es kann etwas völlig Belangloses sein. Sie können ganz banal auf das Wetter hinweisen oder dem anderen ein Kompliment machen.

Sie können auch einen mutigen Schritt weitergehen. Lassen Sie beispielsweise jemandem den Vortritt, der nur zwei Artikel in der Hand hält, während Ihr eigener Einkaufswagen beinahe überquillt, oder bieten Sie einer älteren Dame an, ihr beim Einpacken zu helfen.

Diese Aufgabe ist wirklich nicht schwer. Ausreden gelten nicht. Es bieten sich viele Gelegenheiten, Menschen richtiggehend glücklich zu machen, oft schon durch Kleinigkeiten. Tun Sie es, so schwer es Ihnen auch fallen mag, ein Erfolg ist Ihnen sicher. Stellen Sie sich zu guter Letzt vor, dass Sie demnächst an einer Kasse mit zehn anderen wartenden Einkäufern stehen und jeder Einzelne damit beginnt, einem anderen aus der Schlange Komplimente zu machen. Wäre doch komisch, oder?

Klarheit

Regel 11: Ordnung ist das halbe Leben

Zur Wiederholung

1. Freiheit beginnt in unserem Denken
2. In unserem Gedankengefängnis sind wir sowohl Gefangener als auch Aufseher
3. Mit unseren Gedanken beeinflussen wir unsere Realität
4. Worte sind ein mächtiges Handwerkszeug
5. Wir können unsere Gefühle beeinflussen
6. Krankheiten entstehen nicht zufällig
7. Denken und Reden allein reicht nicht, Taten zählen!
8. Ein treuer Helfergeist steht uns zur Seite
9. Wir dürfen alte Denkmuster über Bord werfen
10. Aktionen ziehen Reaktionen nach sich

Ordnung ist das halbe Leben. Dieser Satz gehört zu den Sprüchen der Erwachsenen, die ich als Kind gerne nachäffte und nicht akzeptieren wollte. Meiner ablehnenden Haltung ist wohl zu verdanken, dass es in meinen Wohnungen und an meinen diversen Arbeitsplätzen stets leicht chaotisch war.

Heute denke ich anders darüber. Sauberkeit und Ordnung machen das Leben angenehmer und vereinfachen vieles.

Unsere Umgebung spiegelt in gewisser Weise unsere seelische Verfassung wider – und andersrum. Wenn Menschen in zugemüllten Wohnungen als Messie leben, kann man davon ausgehen, dass viele von ihnen auch ein Gedanken- und Gefühlschaos in ihrem Innersten beherbergen.

Am Anfang unseres *Magischen Spiels* haben Sie gelernt, Ihre übervolle Gedankenautobahn frei von unnötigem Ballast zu räumen. Je geradliniger und zielgerichteter wir denken, desto schneller können wir unsere anvisierten Ziele erreichen.

Es geht darum, Übersicht und Klarheit in unseren Denkapparat zu bekommen. Und nicht nur das Gedankenchaos möchte aufgeräumt werden, sondern auch parallel dazu das ganz praktische Chaos in unserem tagtäglichen Leben. Wir haben damit begonnen, die Innenwelt zu ordnen, jetzt ist die Außenwelt an der Reihe.

Beginnen Sie ab heute – ohne Wenn und Aber – Ordnung zu schaffen. Fangen Sie in Ihrer Wohnung an, aufzuräumen, es gibt sicherlich einiges zu tun. Wenn das Grobe erledigt ist, gehen Sie zu den Feinheiten über. Durchsuchen Sie sämtliche Kisten und Kästen, und sondern Sie Unnötiggewordenes aus. Sie werden überrascht sein, was Sie alles finden. Und mit etlichen Dingen, die Sie nicht mehr brauchen, können Sie sicherlich andere beglücken!

Auch wenn die Entsorgung schwerfällt, viel Krempel werden Sie hinterher überhaupt nicht mehr vermissen. Behandeln Sie hingegen die Sachen, die Sie behalten, respektvoll und stopfen Sie sie nicht lieblos in irgendeine Kiste oder Schublade. Indem wir Dinge mit Würde behandeln, schaffen wir ein besseres Raumklima. Das wiederum zieht neue schöne Dinge an.

Lachen Sie nur, ich habe diese Erfahrung selbst gemacht. Meine damalige 26-qm-Bude verwandelte sich nach etlichen Räum- und Putzaktionen in eine exzellente 75-qm-Wohnung.

Unabhängig davon, was Sie davon halten – schaden kann es in keinem Fall, wenn Sie Ihre Wohnung gründlich aufräumen und auf Hochglanz bringen.

Aufgabe

Beginnen Sie mit einer gründlichen Räum- und Putzaktion. Wenn Sie keinen Sinn darin sehen und Sie allein vom Gedanken daran schlechte Laune bekommen, tun Sie es erst recht!

Die Räumaktion ist ein wichtiger Bestandteil des *Magischen Spiels*. Räumen Sie auf. Machen Sie Ordnung, geben oder werfen Sie Dinge weg, die Sie nicht mehr benötigen. Beglücken Sie Büchereien oder karitative Einrichtungen mit den Sachen, die bei Ihnen unnötig herumliegen. Räumen Sie Ihre Schreibtischschubladen aus und nach einer Säuberung wieder ordentlich ein. Gehen Sie Schrank für Schrank und Zimmer für Zimmer durch.

Wenn alle Zimmer aufgeräumt sind, gehen Sie zum Keller und zur Garage über. Diese Aufgabe kann gut und gern zu einer mehrwöchigen Räumungsaktion mutieren. Spucken Sie in die Hände und beginnen Sie mit der Arbeit, es gelten keine Ausreden.

Wir halten uns gerne an Orten auf, an denen wir uns wohlfühlen. Je ordentlicher und hübscher es in unserer Umgebung ist, desto wohler fühlen wir uns. Auch wenn Sie das jetzt abstreiten und dagegenhalten, dass Sie sich in Ihrer Wohnung, so chaotisch sie sein mag, pudelwohl fühlen, widerspreche ich an dieser Stelle. Wenn wir unserer Wohnung Respekt zollen, verändern wir die darin vorherrschende Energie. Indem wir sie pflegen und gut behandeln, bringen wir unsere Zuneigung zum Ausdruck.

Liebevolle Gefühle fühlen sich bald heimisch und damit schaffen wir Grundlage für Neues.

Veränderungen leicht gemacht

Nachdem Sie Ihre Wohnung ausgemistet und gereinigt haben, können Sie sie hübsch dekorieren. Schon mit Kleinigkeiten zaubern Sie große Veränderungen herbei.

Beispielsweise sorgt eine neue Gardine in einer anderen Farbe für ein neues Wohnbild. Eventuell haben Sie mittlerweile eine schöne Zeichnung angefertigt, die Sie jetzt aufhängen könnten. Gute Ideen und Inspirationen bringt auch ein Spaziergang durch einen Baumarkt.

Machen Sie sich an die Arbeit, unerheblich ob Sie an all das mit dem Respekt, der Energie und der Magie glauben oder nicht. Was hätten Sie im schlimmsten Fall zu verlieren? Im schlimmsten Fall hätten Sie bald eine ordentliche und saubere Wohnung. Damit können Sie sicherlich leben.

Dadurch, dass Sie altes Zeug wegwerfen, schaffen Sie Platz für Neues. Warum sollten Sie eine neue schöne Wohnung bekommen, wenn Sie es nicht schaffen, in der jetzigen Ordnung zu halten? Warum sollten neue hübsche Dinge den Weg zu Ihnen finden, wenn die Regale mit altem Krempel zugestopft sind? Wie passt es zusammen, dass wir über das Chaos der ganzen Welt jammern und es nicht hinkriegen, bei uns selbst

Ordnung zu schaffen. Warum sollten wir einen besseren Arbeitsplatz bekommen, wenn wir Dingen, mit denen wir umgeben sind, keinen Respekt zollen?

Machen Sie Klarschiff und schaffen Sie Platz für Neues.

Sie verspüren den tiefen Wunsch nach einer grundlegenden Veränderung. Dazu braucht es Ihre Handlungen. Für Sie gilt jetzt, in die Hände zu spucken und etwas zu tun. Wachen Sie aus Ihrem Tiefschlaf auf und legen Sie los!

Magie der Gefühle

Regel 12: Gefühle wirken wie Magnete

Zur Wiederholung

1. Freiheit beginnt in unserem Denken
2. In unserem Gedankengefängnis sind wir sowohl Gefangener als auch Aufseher
3. Mit unseren Gedanken beeinflussen wir unsere Realität
4. Worte sind ein mächtiges Handwerkszeug
5. Wir können unsere Gefühle beeinflussen
6. Krankheiten entstehen nicht zufällig
7. Denken und Reden allein reicht nicht, Taten zählen!
8. Ein treuer Helfergeist steht uns zur Seite
9. Wir dürfen alte Denkmuster über Bord werfen
10. Aktionen ziehen Reaktionen nach sich
11. Ordnung ist das halbe Leben

Tief im Pfeffinger Wald in einer verborgenen, schwer zugänglichen Höhle befindet sich ein Durchgang in eine andere Welt. Es ist die Welt der Magnetaten. Die Magnetaten sind imposante Riesen, deren Haut in verschiedensten Farbtönen schimmert. Ihre Körpergröße erreicht im Durchschnitt vier Meter und zu gerne protzen sie gegenseitig mit ihrem beeindruckenden Muskelspiel. Sie leben innerhalb einer großen Gemeinschaft in der verborgenen Felsenwelt.

Diese Riesen verfügen über eine ganz besondere Fähigkeit.

Ihr Köper reagiert auf ihre Gefühle und entwickelt magnetische Anziehungskräfte. Je nach Stimmungslage beginnen sie, sich wie Chamäleons zu verfärben. Ist beispielsweise ein Riese tieftraurig und betrübt, nimmt seine Haut einen tiefen Schwarzton an. Sobald ein Riese aussieht, als wäre er in ein überdimensionales Tintenfass gefallen, setzt seine magnetische Funktion ein. Ab sofort beginnt er alles Düstere um sich herum anzuziehen, was dazu führt, dass der Magnetat immer depressiver und trauriger wird.

Das Leben kommt ihm dann bald so trist und nutzlos vor, dass er sich am liebsten von dem allerhöchsten Berg aus in die Tiefe stürzen möchte, um seinem Leben ein Ende zu bereiten.

Da die Magnetaten um ihre besonderen Eigenschaften wissen, kommt so etwas jedoch selten vor. Ein Riese, der sich schon frühmorgens gut gelaunt aus der Felsenkuhle, die ihm als Schlafplatz dient, herausrollt und sich auf seine anstehende Morgentoilette unter dem großen Wasserfall freut, schillert in leuchtend bunten Farben. Dieser Geselle zieht, gut gelaunt, wie er ist, Dinge an, die ihm wiederum Freude bereiten. Er bekommt oft Geschenke oder Besuche, über die er sich immer freut.

Und Riesen, deren Stimmung getrübt sind, lassen sich nur zu gern von der Freude des Gutgelaunten anstecken. Oftmals verabschieden sich Riesen, die als graubraune oder schwarze Besucher gekommen sind, gut gelaunt lächelnd in schimmernden, wohltuenden Farbtönen.

Rosarot oder tiefschwarz

Diese erstaunlichen Magnetaten haben dieselben Gefühle wie wir: gute und schlechte. Im Gegensatz zu uns wissen sie jedoch um die Funktion der magnetischen Eigenschaft von Gefühlen und steuern mit diesem Wissen ganz bewusst ihre Emotionen. Wenn beispielsweise ein Magnetat tieftraurig oder verzweifelt ist, lebt er bewusst seine düsteren Emotionen, die zum Leben dazugehören aus, so lange, bis er findet, dass es reicht. Dann beginnt er damit, sich selbst Gutes zu tun, um die Schwärze aus seinem Leben wieder zu vertreiben.

Aber auch wir haben die Fähigkeiten der Magnetaten: Wenn wir verliebt sind, stülpt sich eine rosarote Glocke über uns. Wir fühlen uns verzaubert und sehen vieles in neuem Licht.

Fast alles, was wir in unserer Verliebtheit erleben, erheitert uns, und oft können wir scheinbar grundlos und aus tiefstem Herzen lachen. Die ganze Welt sieht auf einen Schlag ganz anders aus als zuvor.

Wir murren bisweilen über unser Leben und finden es oft ungerecht. Immer wieder fragen wir uns, warum wir solche Pechvögel sind und worin überhaupt der Sinn des Lebens liegt.

Wir sind der Überzeugung, dass wenn wir einen bestimmten Wunsch erfüllt bekämen, es uns dann weitaus besser gehen würde. Sehnsuchtsvoll betrachten wir Hochglanzkataloge mit schicken Autos, teurem Schmuck und Eigenheimen. Unser Glück scheint unerreichbar zu sein. Ein Lottogewinn wäre ein Garant für unser Glück.

Gefühle steuern

Und was wäre, wenn wir wie die Magnetate mit unseren Gefühlen die Richtung des Lebens steuern könnten? In diesem Fall wäre unser Glück von nichts und niemandem abhängig. Wir würden bewusst unsere Emotionen steuern und damit neue Grundlagen für unser Leben schaffen.

Wären wir tieftraurig und unglücklich, wüssten nicht mehr ein noch aus und liefen in trübseliger schwarzer Stimmung durch die Gegend, zögen wir zunächst die Düsternis der ganzen Welt um uns herum an. Doch selbst aus den verzweifeltsten Situationen heraus können wir Wendungen herbeiführen und die Welt wieder bunt färben. Mit Sicherheit wird sich unser Leben ab dem Tag verbessern, an dem wir frühmorgens fröhlich und voller Ideen aus dem Bett springen und freudig den Tag begrüßen.

Wie können wir dieses Ziel erreichen? Eigeninitiative und Taten sind gefragt. Die größten Gegner, gegen die wir zu kämpfen haben, sind unser Schweinehund und wir selbst. Es gilt, unsere geistige Einstellung zu verändern. Mit neuen Einstellungen und entsprechenden Taten schaffen wir die Grundlage für Neues.

Sie haben sich ja schon Tätigkeiten überlegt, die Ihnen Freude bereiten. Greifen Sie immer wieder darauf zurück und setzen Sie so viel wie möglich in der Praxis um. Sie wissen ja mittlerweile, dass Taten gefragt sind und jeder für sich aktiv werden muss, um etwas verändern zu können.

Indem wir etwas tun, das Freude hervorruft, fühlen wir uns gut und können damit unsere Laune erheblich verbessern.

Etwas, das ich persönlich sehr erheiternd finde, um aus dem üblichen grauen, gleichtönigen und faden Alltag auszubrechen, ist, einmal etwas völlig anderes als üblich zu machen. Etwas Verrücktes, etwas, das unsere Mitmenschen und uns selbst zum Lachen bringt. Wir bekommen damit wieder eine Ahnung, wie schön das Leben sein kann.

Beginnen Sie, Ihre Fantasie spielen zu lassen.

Frösche im Park

Stellen Sie sich vor, wir würden uns als Frösche verkleidet in eine städtische Parkanlage begeben. Was wäre, wenn wir dort anfingen, laut zu quaken und herumzuhüpfen? Allein der Gedanke daran ist peinlich, bekommen Sie schon Angst?

Mit Sicherheit würden uns ausnahmslos alle Anwesenden irritiert anstarren. Wäre das schlimm? Wir hätten die volle Aufmerksamkeit auf uns gezogen und damit schon etwas bewirkt. Mit großer Wahrscheinlichkeit würden einige Menschen über uns lachen.

Damit hätten wir einen Gewinn zu verbuchen, denn was gibt es Schöneres, als Leute zum Lachen anzuregen. Menschen mit wenig Humor könnten wir erklären, dass wir uns für die Rettung qualvoll verendender Frösche einsetzen. Zu guter Letzt hätten wir mit einer anfangs verrückt erscheinenden Aktion ungewollt noch etwas Sinnvolles erreicht und Menschen zum Nachdenken angeregt.

Die Heiterkeit, die wir bei anderen ausgelöst hätten, fiele auf uns zurück und schlussendlich kämen wir als ein dicker glücklicher Frosch und strahlender Gewinner nach Hause.

Wenn wir denken, dass etwas verrückt ist, bedeutet das nicht zwangsläufig, dass andere Menschen auch so denken.

Mit der folgenden Aufgabe lernen Sie, bei anderen Menschen Glücksgefühle auszulösen – und, dass diese Gefühle auch wieder zu Ihnen zurückkehren.

Aufgabe

Überlegen Sie sich in aller Ruhe eine Aktion, mit der Sie bei anderen Menschen Freude und Erheiterung auslösen.

- Sie könnten beispielsweise eine alleinstehende Person aus Ihrer Nachbarschaft, mit der sie sich bisher noch nie unterhalten haben, zu einer Tasse Kaffee und einem Stück Kuchen einladen.
- Oder Sie könnten in Kindergärten nachfragen, ob Sie als Geschichtenerzähler vorbeikommen dürften.
- Sie könnten Süßigkeiten mit Lebensweisheiten in einer Fußgängerzone verteilen oder als lustiger Clown einen Besuch in einer Kinderkrebsabteilung eines Krankenhauses machen.
- Sie könnten Gasluftballons auf einer gut besuchten Sonntagspaziergangsmeile verteilen.

Schon das glückliche Lächeln eines einzigen Menschen wäre eine größere Investion wert. Um die Größe solch eines Gefühls nachempfinden zu können, müssen Sie solch ein »Abenteuer« erleben, und um es zu erleben, müssen Sie über Ihren trotzigen Schweinehund und Schatten springen. Sie könnten selbstverständlich auch als Frosch verkleidet laut quakend um einen städtischen Brunnen herumhüpfen, davon hält Sie niemand ab.

Ihrer Kreativität sind keinerlei Grenzen gesetzt. Das Schlimmste, das Ihnen passieren könnte, wäre, als durchgeknallter Spinner betitelt zu werden. Wäre das so schlimm? Ist es nicht einen Versuch wert, aus dem tristen Alltagstrott auszubrechen und dabei andere Menschen und sich glücklich zu machen?! Spielen Sie das *Magische Spiel*!

Schieben Sie diese Aufgabe nicht auf die lange Bank, sondern packen Sie die nächste Gelegenheit am Schopf, am besten direkt am kommenden Wochenende.

Spiegelbilder

Regel 13: *Unsere Umwelt spiegelt unsere persönlichen Facetten wider*

Zur Wiederholung

1. Freiheit beginnt in unserem Denken
2. In unserem Gedankengefängnis sind wir sowohl Gefangener als auch Aufseher
3. Mit unseren Gedanken beeinflussen wir unsere Realität
4. Worte sind ein mächtiges Handwerkszeug
5. Wir können unsere Gefühle beeinflussen
6. Krankheiten entstehen nicht zufällig
7. Denken und Reden allein reicht nicht, Taten zählen!
8. Ein treuer Helfergeist steht uns zur Seite
9. Wir dürfen alte Denkmuster über Bord werfen
10. Aktionen ziehen Reaktionen nach sich
11. Ordnung ist das halbe Leben
12. Gefühle wirken wie Magnete

Stellen Sie sich vor, Sie sind von einem überdimensionalen Spiegel umgeben und die Welt, die Sie umgibt, die Sie um sich sehen, ist nur ein Spiegel Ihrer selbst. Folglich würde das Lächeln, dass Sie Ihrem Spiegel schenken, zu Ihnen zurückkehren. Oder stellen Sie sich vor, Sie würden dem Spiegel einen Schokoriegel entgegenstrecken. Dann würde Ihr Gegenüber – das ein beliebiger Mensch aus Ihrer Umwelt sein kann –

Ihnen ebenfalls einen Schokoriegel reichen. Wenn er zufällig einen dabeihätte. Die Wahrscheinlichkeit ist natürlich sehr gering. Und so haben Sie Ihren Schokoriegel abgegeben, ohne einen zurückzubekommen.

Aber meine Idee geht noch weiter. Es handelt sich bei unserem imaginären Spiegel nämlich um einen Zauberspiegel, der ein Gedächtnis besitzt und nichts vergisst.

Folglich kann er sich all unsere Taten merken und uns diese zu einer anderen Zeit und einem anderen Ort widerspiegeln.

So könnten wir den Verlust unseres Schokoriegels leicht verschmerzen, denn wir wüssten, dass wir ihn irgendwann und irgendwo und vom wem auch immer zurückbekämen.

Alles kommt zu uns zurück

Da sich unser Spiegel all unsere guten Taten merkt – und selbstverständlich ebenso die schlechten –, kann er uns diese irgendwann widerspiegeln, sprich: zurückgeben.

So bräuchten wir uns über die Undankbareit anderer nicht zu ärgern. Wir könnten uns in völliger Sicherheit wiegen, dass unser Einsatz nie vergebens wäre.

Erinnern wir uns daran zurück, dass jeder Mensch und wirklich jeder Einzelne auf der Welt, sich im Grunde seines Herzens wünscht, geliebt zu werden.

Bevor Sie weiterlesen, schließen Sie die Augen und stellen Sie sich vor, alle Menschen Ihrer Umgebung sind Teil Ihres Spiegelbildes. Das, was wir unserem Spiegelbild entgegenbringen, bekommen wir irgendwann wieder zurück. Es ist ein ausgeglichenes Geben und Nehmen.

Probieren Sie aus, ob an der Spiegeltheorie etwas Wahres dran ist. Denken Sie gründlich darüber nach und beobachten Sie genau.

Was würde passieren, wenn Sie einem Fremden direkt ins Gesicht sagen würden, dass Sie ihn als einen Vollidioten empfänden und wie würde dieser wohl darauf reagieren.

Wie wäre es andererseits, wenn Sie einem Fremden vermitteln würden, dass Sie Ihn für einen ganz besonderen Menschen hielten, in dem Sie ihm beispielsweise ein Kompliment machen?

Viele Probleme und Unstimmigkeiten können humorvoll bewältigt werden, wenn Sie im Kopf behalten, dass Sie stets in einen Spiegel blicken. Lächeln Sie fremde Menschen an, seien Sie freundlich, tun Sie Ihr Bestes und rufen Sie sich immer wieder den Zauberspiegel in Erinnerung. Wie wir in den Wald hineinrufen, so schallt es heraus, und was wir säen, ernten wir. Wer freundliche Signale aussendet, wird solche Signale zurückbekommen – wenn auch vielleicht mit einiger zeitlichen Verzögerung. Für Scheinheiligkeit und vorgetäuschte Freundlichkeit gilt natürlich das Gleiche, auch solche Signale kehren irgendwann zu Ihnen zurück.

Es steht Ihnen natürlich frei, Ihrem Spiegelbild als Trauerkloß zu begegnen, aber so wird sich an Ihrer Situation kaum etwas ändern. Um glücklich zu werden, müssen Sie aktiv werden.

Voller Einsatz ist gefragt

Um unser Leben nachhaltig zu verändern reicht es nicht aus, wenn wir nur einige Tage lang hin und wieder ein zaghaftes Lächeln aussenden oder ab und an einer alten Dame bei ihrem Einkauf helfen. Damit sich unser Spiegelbild wie ein großes Mosaik Steinchen für Steinchen verändert, bedarf es unseres vollen Einsatzes.

Aufgabe

Leben Sie fortan so, als schauten Sie ständig in den Zauberspiegel. Legen Sie jetzt, genau in dieser Minute damit los. Es befinden sich genug Kanditaten in Ihrer nächsten Umgebung, mit denen Sie erste dankbare Übungsopfer zur Verfügung haben. Springen Sie über Ihren Schatten und rufen Sie jemanden an, mit dem Sie Streit haben. Ganz egal, was zwischen Ihnen vorgefallen ist, behandeln Sie sie so, wie Sie gern behandelt werden möchten, dann können Sie den Streit beilegen.

Tun Sie alles, was Ihnen einfällt und was in Ihrer Macht steht, um Menschen in Ihrer Umgebung glücklich zu machen.

Die besten Übungsobjekte sind Menschen, auf die Sie nur schwer zugehen können. Denn je größer die Aufgabe und Ihre Überwindung ist, sie zu erledigen, desto größer fällt der Gewinn aus und umso mehr Erkenntnisse werden Sie gewinnen. Und am Ende kommen Ihre guten Taten zu Ihnen zurück.

Legen Sie los, auch wenn Zweifel an Ihnen nagen. Denken Sie immer daran, dass die Menschen und Situationen, von denen Sie umgeben sind, Anteile von Ihnen selbst widerspiegeln. Sie müssen niemandem vom *Magischen Spiel* erzählen. Spielen Sie das Spiel ganz für sich allein.

Glück

Regel 14: Liebe ist ein goldener Schlüssel zum Glück

Zur Wiederholung

1. Freiheit beginnt in unserem Denken
2. In unserem Gedankengefängnis sind wir sowohl Gefangener als auch Aufseher
3. Mit unseren Gedanken beeinflussen wir unsere Realität
4. Worte sind ein mächtiges Handwerkszeug
5. Wir können unsere Gefühle beeinflussen
6. Krankheiten entstehen nicht zufällig
7. Denken und Reden allein reicht nicht, Taten zählen!
8. Ein treuer Helfergeist steht uns zur Seite
9. Wir dürfen alte Denkmuster über Bord werfen
10. Aktionen ziehen Reaktionen nach sich
11. Ordnung ist das halbe Leben
12. Gefühle wirken wie Magnete
13. Unsere Umwelt spiegelt unsere persönlichen Facetten wider

Jeder Mensch wünscht sich im Tiefsten seines Herzens, geliebt zu werden. Nicht mehr und nicht weniger. Jeder Mensch möchte Zuwendung und Aufmerksamkeit, jeder möchte freundlich behandelt werden, und jeder freut sich über kleine Geschenke.

Heutzutage sind viele Menschen so abgestumpft, dass sie schon von kleinsten freundlichen Gesten überrascht sind. Machen Sie einer Kassiererin im Supermarkt oder dem Angestellten am Postschalter ein Kompliment und achten Sie auf ihre Reaktionen. Denken Sie nicht darüber nach, tun Sie es einfach. Viele Menschen verzichten darauf, andere Menschen anzusprechen oder ihnen Komplimente zu machen, weil ihnen entweder der Mut dazu fehlt oder sie denken, dass sie sich dabei völlig zum Affen machen. Hallo?!! Wir trauen uns nicht, Fremden freundliche Worte zu sagen, wünsche uns aber selbst liebevolle Aufmerksamkeit?

Wir wünschen uns Frieden und Harmonie in der Welt.

Immerhin können wir in unserer eigenen Familie für Frieden und Harmonie sorgen. Jeder von uns kann in seinem Umfeld Freude verbreiten.

Das Rad der Liebe: ein dynamischer Kreislauf

Erinnern wir uns an den großen Spiegel, der jeden von uns umgibt. Mit dem Ziel vor Augen, unseren Mitmenschen gute Laune zu bereiten und unser Umfeld immer froher und munterer werden zu lassen, beginnen wir uns allmählich selbst zu verändern. Es ist immens, wie sich manche Menschen nach freundlichen Worten sehnen und mit welchen Kleinigkeiten man Menschen beglücken kann. Und alles Gute, das wir aussenden, bekommen wir irgendwann wieder zurück. Und je mehr Liebe wir ausstrahlen, desto lichter und leichter wird allmählich unser Leben.

Indem wir Liebe leben, greifen wir auf die höchste Energieform zu, die uns zur Verfügung steht. Je fleißiger wir sind, destso schneller beginnt ein Kreislauf, der mit der Zeit eine eigenständige Dynamik entwickelt. Den Motor kann jeder selbst in Schwung bringen. Indem wir beginnen, uns selbst liebevoller zu betrachten, über uns selbst liebevoller zu denken und Tätigkeiten auszuüben, mit denen wir uns selbst Freude bereiten, können wir in Kürze eine grundlegende Zufriedenheit erreichen. Mit dieser Zufriedenheit ziehen wir wie Magnete wiederum Menschen und Situationen in unser Leben, die uns weitere Gründe dafür liefern, zufrieden zu sein. Indem wir andere Menschen liebevoll behandeln, werden wir wiederum liebevoll behandelt, da unsere Mitmenschen Facetten von uns selbst spiegeln, und auf diese Art und Weise schaffen wir einen Nährboden für ein harmonisches Leben.

Veränderung beginnt mit Selbstliebe

Weil wir nur fähig sind, andere Menschen zu lieben, wenn wir uns selbst lieben, müssen wir bei uns selbst beginnen, wenn wir das Rad der Liebe in Bewegung setzen möchten. Zum Thema »Selbstliebe« gab mir eine Heilpraktikerin einen Rat: Ich sollte mir auf unterschiedlichen Körperregionen herumklopfen und dabei wiederholt sagen, wie sehr ich mich selbst liebe. So ähnlich sieht auch Ihre nächste Aufgabe aus

Aufgabe

Stellen Sie sich vor den Spiegel und sagen Sie laut und deutlich zu Ihrem Spiegelbild, wie toll Sie sich finden und was für positive Charaktereigenschaften Sie auszeichnen. Sehen Sie Ihrem

Spiegelbild dabei tief in die Augen. Nachdem Sie sich gerühmt haben und sich selbst viele liebe Komplimente gemacht haben, können Sie sich zum Abschluss auf eine Handfläche küssen und sich nochmals sagen, wie lieb Sie sich haben. Und, wie fühlt sich das an? Schaffen Sie das, ohne zu kichern oder dass sich Ihre Stimme verändert?

Ich machte bei dieser Übung eine erschreckende Entdeckung: Zum einen klang meine Stimme plötzlich ganz heiser, zum anderen hatte ich das Gefühl, mich das erste Mal in meinem Leben bewusst anzusehen. Verblüfft stand ich mehrere Minuten lang vor dem Spiegel und sah ruhig hinein. Dabei fragte ich mich, wer eigentlich dieser Mensch war, der mir da entgegenblickte. Komplimente und Liebesbezeugungen kamen nur krächzend heraus. Damit wurde klar, was für Arbeit es zu tun gab.

Wer liebt mich?

Jeder Mensch möchte geliebt werden. Wir wünschen uns alle Bestätigungen und wir möchten signalisiert bekommen, dass wir liebenswert sind. Wir wollen von unseren Partnern und von unserer Familie geliebt werden und von unseren Bekannten, Freunden, Familienmitgliedern, Vorgesetzten und Kollegen erwarten wir ein Mindestmaß an Respekt. Wir wünschen uns Freiheit und sind von den Launen anderer abhängig.

Wir möchten geliebt werden und lieben uns selbst nicht einmal. Ist das nicht erschreckend? Wir können erste Veränderungen herbeiführen, indem wir damit beginnen, an erster Stelle einmal uns selbst zu akzeptieren. Im Laufe der Zeit können wir uns sogar lieben lernen. Wenn wir uns immer wieder den großen Zauberspiegel ins Bewusstsein rufen, können wir ermessen, wer schlussendlich von unseren liebevollen Handlungen profitiert. Denn indem wir unserem Spiegel Liebe entgegenbringen, kehrt sie in verschiedensten Formen und Varianten wieder zu uns zurück.

Überall ist Liebe, die uns schon lange erwartet. Wir haben sie schlichtweg vergessen. Unsere Aufgabe besteht darin, sie in uns selbst wahrzunehmen und zu fühlen. Hier liegt unsere Freiheit und Glückseligkeit verborgen.

Das Gegenteil von Liebe

Regel 15: Angst bringt uns nicht weiter

Zur Wiederholung

1. Freiheit beginnt in unserem Denken
2. In unserem Gedankengefängnis sind wir sowohl Gefangener als auch Aufseher
3. Mit unseren Gedanken beeinflussen wir unsere Realität
4. Worte sind ein mächtiges Handwerkszeug
5. Wir können unsere Gefühle beeinflussen
6. Krankheiten entstehen nicht zufällig
7. Denken und Reden allein reicht nicht, Taten zählen!
8. Ein treuer Helfergeist steht uns zur Seite
9. Wir dürfen alte Denkmuster über Bord werfen
10. Aktionen ziehen Reaktionen nach sich
11. Ordnung ist das halbe Leben
12. Gefühle wirken wie Magnete
13. Unsere Umwelt spiegelt unsere persönlichen Facetten wider
14. Liebe ist ein goldener Schlüssel zum Glück

Bisher verläuft Ihr Leben nicht so, wie Sie es sich in Ihren Träumen ausmalen. Zudem sind Sie noch nicht so richtig überzeugt davon, dass Sie selbst etwas Grundlegendes verändern können. Doch tief in Ihrem Innersten schlummert eine

Sehnsucht und Hoffnung, dass Sie es doch schaffen. Schließlich lesen Sie immer noch in diesem Buch.

Wenn wir uns überlegen, dass wir schlicht durch den Einsatz von Liebe unser Leben verändern können, wie haben wir denn dann bisher gelebt? Wir tun schließlich immer alle unser Bestes. Tun Sie immer alles, was Ihnen möglich ist?

Ich denke schon. Aber vielleicht ist Ihnen noch viel mehr möglich. Oft machen wir uns nicht bewusst, was für Potenziale in uns schlummern und wie wir uns durch unsere Ängste bremsen lassen. Mit unserer Scheißangst und den ganzen Wenn und Abers beschränken und behindern wir uns selbst. Niemand anders ist für unsere Pleiten, Pech und Pannen verantwortlich.

Gesetzt den Fall, dass Liebe die höchste Energieform ist, die uns zur Verfügung steht, kommt die Frage auf, wie wir bisher gelebt haben und was das Gegenteil von Liebe ist. Das Gegenteil von Liebe ist Angst. Angst ist die höchste Form aller Negativität. Alle weiteren negativen Gefühle wie Neid, Hass, Verlogenheit, Boshaftigkeit, Arglist, Niedertracht, Misstrauen, Eifersucht und so weiter sind nur Teilaspekte der Angst.

Aufgabe

Nehmen Sie Ihr Arbeitsbuch zur Hand und schreiben Sie auf, welche Entscheidungen Sie in den letzten Tagen getroffen haben, die auf Angst basierten. Schreiben Sie auch auf, was Sie alles getan hätten, wenn Sie keine Angst gehabt hätten. Machen Sie dann eine Liste mit Dingen, die Sie gern tun würden, von denen Sie die Angst aber abhält.

Jeder Mensch macht schwierige Phasen durch, und auch diese haben ihre Berechtigung. Leben Sie ab jetzt Ihr Leben in dem Bewusstsein, dass Ihr Handeln entweder auf Angst oder auf Liebe gebaut ist. Fragen Sie sich zukünftig im Stillen bei allem, was Sie tun und sagen, ob Sie aus Angst oder Liebe heraus agieren. Tun Sie Ihr Bestes, Liebe zu leben und ignorieren Sie bewusst Ihre Ängste. Ängste sind für all unsere Miseren, Pleiten und Widrigkeiten verantwortlich. Das sind die Dämonen, die uns davor abhalten, ins Licht zu gehen.

Unsere größte Angst: nicht geliebt zu werden

Wir gehen davon aus, dass alle Menschen geliebt werden möchten. Folglich müsste die größte Angst jedes Menschen sein, nicht geliebt zu werden. Jeder von uns hat in seinem tagtäglichen Umfeld genug Kandidaten zur Verfügung, an denen er diese Theorie prüfen kann, sei es in der eigenen Familie, am Arbeitsplatz oder im Bekanntenkreis.

Picken Sie sich die Menschen heraus, mit denen Sie am wenigsten klarkommen. Das sind die besten Versuchspersonen. Machen Sie sich immer und immer wieder bewusst, dass diese Menschen geliebt werden möchten und über Ihre Liebe dankbar wären, und begegnen Sie ihnen mit Zuneigung. Erwarten Sie aber nicht, dass Ihnen alle nun gleich um den Hals fallen.

Wir können mit Liebe, Glauben und Vertrauen vieles erreichen, was wir uns wünschen. Am Ziel können wir aber nur ankommen, wenn wir uns überhaupt auf den Weg machen. Legen Sie los! Leben Sie ein liebevolles Leben und lassen Sie sich nicht mehr von Ängsten dominieren. Erleben Sie, wie wunderbar sich das Leben für Sie entfalten kann, wenn Sie sich auf das *Magische Spiel* einlassen.

Treue Wegbegleiter

Regel 16: *Wir sind nie allein und hilflos – Wer-oder-was-auch-immer steht uns zur Seite*

Zur Wiederholung

1. Freiheit beginnt in unserem Denken
2. In unserem Gedankengefängnis sind wir sowohl Gefangener als auch Aufseher
3. Mit unseren Gedanken beeinflussen wir unsere Realität
4. Worte sind ein mächtiges Handwerkszeug
5. Wir können unsere Gefühle beeinflussen
6. Krankheiten entstehen nicht zufällig
7. Denken und Reden allein reicht nicht, Taten zählen!
8. Ein treuer Helfergeist steht uns zur Seite
9. Wir dürfen alte Denkmuster über Bord werfen
10. Aktionen ziehen Reaktionen nach sich
11. Ordnung ist das halbe Leben
12. Gefühle wirken wie Magnete
13. Unsere Umwelt spiegelt unsere persönlichen Facetten wider
14. Liebe ist ein goldener Schlüssel zum Glück
15. Angst bringt uns nicht weiter

Wir haben unsere Familien, unsere Freunde, Bekannten, Nachbarn und Arbeitskollegen. Doch es gibt Situationen im Leben, da fühlen wir uns einsam. Die Wahrheit ist, dass wir, so einsam und verlassen wir uns auch fühlen mögen, nie wirklich einsam sind.

In Situationen, in denen ich mich als der einsamste Mensch auf der Welt gefühlt und so manches Mal gedacht habe, es alleine nicht zu schaffen, habe ich mir ganz bewusst Hilfe gesucht. In Selbstgesprächen habe ich geäußert, dass ich mich unfähig fühle, die schwierige Aufgabe selbst zu lösen und um Hilfe gebeten – von wem oder was auch immer es da gibt. Denn ob es nun Engel, Geister, Götter, Gnome, Elfen, Heilige, Meister, ein Gott oder sonst ein Wesen ist, das einem in der Not zur Seite steht, darüber kann jeder seine eigene Meinung haben. Fakt ist, dass ich in schwierigen, ausweglos scheinenden Situationen, in denen ich laut und deutlich um Hilfe gebeten habe, einige Tage nach den jeweiligen Bitten diese Hilfe bekommen habe. Waren das Zufälle? Jeder hat schon mal das Gefühl gehabt, dass etwas nicht ganz mit rechten Dingen verlaufen sein konnte, dass der ein oder andere Zufall irgendwie merkwürdig war. Sodass wir überlegen, ob das wirklich ein Zufall war. Wir spüren manchmal, dass es um uns herum noch irgendetwas Ungreifbares gibt.

Bitten Sie um Hilfe!

Wenn Sie sich hilfsbedürftig fühlen und nicht mehr weiterwissen, bitten Sie laut um Hilfe. Formulieren Sie klar und deutlich, was Sie benötigen.

Lauschen Sie fortan in Ihr Innerstes und auf Ihre innere Stimme. Folgen Sie möglichen Eingebungen und beobachten Sie genau, was für Zeichen Ihnen darauf im Alltag über den

Weg laufen oder in die Finger kommen. Tief in Ihrem Innern ist Hilfe verborgen. Ihre Aufgabe ist es, das zu erkennen. Ihre innere Stimme leitet Sie, doch es bedarf einiger Übung, um sie zu verstehen und sich auf sie zu verlassen. Wenn Sie noch ungeübt sind, Ihre innere Stimme zu verstehen, hören Sie auf Ihr Gefühl, dann folgen Sie dem richtigen Weg. Werden Sie nicht müde, aktiv zu werden und andere um Hilfe zu bitten. Tun Sie das, was Ihnen möglich ist, alles Weitere können Sie getrost Ihren Helfern überlassen. Vertrauen Sie beständig darauf, dass alles ein gutes Ende nimmt.

Erinnerungswolken

Als ich ganz bewusst damit begonnen hatte, meine Gedanken in eine bestimmte Richtung zu lenken, merkte ich bald mit großem Erstaunen, dass ich schnell wieder in alte Verhaltensmuster fiel. Wir sind so auf unsere negativen und pessimistischen Denkweisen geeicht, dass wir positive Denkweisen blitzartig vergessen. Postives Denken müssen Sie deshalb trainieren, und das stets aufs Neue.

Ich selbst machte mir kleine Gedächtnisstützen: Aus Karton schnitt ich kleine Wolken aus. Darauf notierte ich fein säuberlich all die Lebensweisheiten, die mir wichtig erschienen. Ich versah sie mit wasserdichter Klebefolie und brachte sie rund um den Badezimmerspiegel an. Jedes Mal wenn ich auf der Toilette hockte, las ich ab sofort mindestens einen Wolkenspruch und dachte darüber nach.

Etwas Schlaues zu lesen bedeutet aber noch lange nicht, dass es einem auch gelingt, diese Weisheit aktiv in seinem

Alltag umzusetzen. Veränderungen unserer Umwelt gehen aus unseren eigenen veränderten Handlungen hervor. Die schwierige Aufgabe besteht darin, dass wir uns selbst in unserem Denken verändern.

Die Saat für Veränderungen streuen wir in unserem Geist. Parallel zu unseren veränderten Einsichten beginnen wir dann unser Verhalten zu verändern. Solange wir so weiterleben wie bisher, verändert sich nichts. Wir müssen etwas tun. Jeder für sich selbst. Sie genauso wie ich.

Damit Sie Ihre Wünsche nicht über dem anstrengenden Alltag vergessen, überlisten Sie sich doch einfach. Basteln Sie sich ein Wunschbrett, an das Sie Zettel mit all Ihren Wünschen kleben, und platzieren Sie es so in der Wohnung, dass Sie immer wieder an Ihre Wünsche und Ziele erinnert werden. Auf diese spielerische Art wird der Wunschgedanke lebendig gehalten.

Es ist gut möglich, dass Sie eines Tages mit so einem Wunschbrett überrascht werden. Darüber mögen Sie jetzt ungläubig lachend den Kopf schütteln. Was Sie denken und glauben, ist unerheblich. Warten Sie's einfach ab. Es wäre aber auch ein Heidenspaß für die gesamte Familie, an einem regnerischen Wochenendtag ein Wunschbrett zu basteln. Denn alle haben große Freude daran, Wünsche zu skizzieren und sie bis ins Detail auszuarbeiten.

Sie können jetzt sofort beginnen, Ihre Gedanken zu verändern. Schaden kann es ja nicht.

Achten Sie darauf, was und wie Sie zukünftig etwas sagen.

Beobachten Sie sich selbst, gucken Sie genau hin, worauf Sie Ihre Aufmerksamkeiten richten und wie Sie mit anderen

Menschen umgehen. Fragen Sie sich immer wieder aufs Neue, ob der Ursprung Ihres Handelns und Denkens auf Liebe oder Angst basiert.

Aufgabe

Notieren Sie sich die 16 Schritte auf separaten Blättern und bringen Sie diese irgendwo in Ihrer Wohnung an.
Die Toilette ist für diesen Zweck wärmstens zu empfehlen!
Dann beginnen Sie bitte, danach zu leben.

Tun Sie es und werden Sie aktiv! Denn: Veränderte Handlungen bringen Veränderungen mit sich. Und vergessen Sie nicht: Unsichtbare Helfer werden Sie begleiten!

Das Magische Spiel

Sie sind Spielführer und Spieler in Ihrem persönlichen Magischen Spiel

Zur Wiederholung

1. Freiheit beginnt in unserem Denken
2. In unserem Gedankengefängnis sind wir sowohl Gefangener als auch Aufseher
3. Mit unseren Gedanken beeinflussen wir unsere Realität
4. Worte sind ein mächtiges Handwerkszeug
5. Wir können unsere Gefühle beeinflussen
6. Krankheiten entstehen nicht zufällig
7. Denken und Reden allein reicht nicht, Taten zählen!
8. Ein treuer Helfergeist steht uns zur Seite
9. Wir dürfen alte Denkmuster über Bord werfen
10. Aktionen ziehen Reaktionen nach sich
11. Ordnung ist das halbe Leben
12. Gefühle wirken wie Magnete
13. Unsere Umwelt spiegelt unsere persönlichen Facetten wider
14. Liebe ist ein goldener Schlüssel zum Glück
15. Angst bringt uns nicht weiter
16. Wir sind nie allein und hilflos – *Wer-oder-was-auch-immer* steht uns zur Seite

Gedanken, Worte, Taten, Gefühle, Glauben und Vertrauen.

Das sind zusammengefasst die Werkzeuge, mit denen wir unser Leben verändern können. Auch wenn es Ihnen momentan noch so schlecht geht, sei es gesundheitlich, finanziell oder beziehungstechnisch, denken Sie immer daran: Jeder neue Tag kann Veränderungen mit sich bringen. Und in jedem Augenblick können Sie bewusst Entscheidungen treffen, die etwas verändern. Sobald in Ihnen ein ausgepräger Wille erwacht, geht neue frische Energie damit einher. Der Anfang für eine grundlegende Veränderung ist gemacht. Um die Basis für eine Veränderung zu schaffen, müssen wir diese von ganzem Herzen auch wollen. Wenn wir etwas zweifellos aus tiefstem Herzen heraus wollen und ersehnen, erwachen in uns ungeahnte Kräfte.

Viele Jammerlappen sind schlichtweg zu faul, etwas zu verändern. Weiterjammern ist leichter, als bewusst neue Ziele anzuvisieren. Im Hintergrund nagt eine Angst, die signalisiert, dass man für Veränderungen etwas aufgeben müsste. Es kostet Mut, aber diejenigen, die diesen Mut aufbringen, werden belohnt. Derjenige, der willens ist, alles zu riskieren, steht vor vielen möglichen Veränderungen. Beginnen Sie damit, Ihre Aufmerksamkeit auf Ihre Ziele zu fokussieren. Unterlassen Sie unnötige Gedanken.

Anfangs ist es hilfreich, für eine Zeit den Fernseher in den Keller zu stellen, um schneller Klarheit in Ihr Gedankenchaos zu bringen.

Formulieren Sie Ihre Wünsche und Ziele möglichst detailgetreu. Zeichnen Sie Bilder von ihnen oder notieren Sie die Wünsche in Ihrem Tagebuch. Dann beginnen Sie, alles umzusetzen, was Ihnen in den Sinn kommt, um Ihrem Ziel näherzurücken. Nehmen Sie beispielsweise den Telefonhörer in die Hand und rufen Sie mögliche Beratungsstellen an, schreiben Sie E-Mails, schalten Sie Inserate, gehen Sie zu öffentlichen Treffen, fragen Sie Freunde und Bekannte um Rat. Tun Sie, was immer Ihnen auch einfällt, um sich Ihrem Ziel zu nähern.

Vertrauen Sie darauf, dass was auch immer um uns herum ist, Ihnen hilfreich zur Seite steht. Sie bekommen alle Hilfen, die Sie benötigen, rücken Etappe für Etappe Ihrem Ziel immer näher. Entwickeln Sie ein Gespür für Ihre innere Stimme. Diese gibt Ihnen oft nützliche Tipps. Es liegt an Ihnen, ob Sie der inneren Stimme Folge leisten möchten. Achten Sie fortan auf Details, mit denen Sie im Alltag konfrontiert werden. Manchmal sind die Lösungen für Probleme naheliegend und man braucht nur zuzugreifen. Völlig in unsere Ängste und Sorgen verstrickt, sehen wir oft den Wald vor lauter Bäumen nicht.

Begrüßen Sie sich morgens und abends vor dem Badezimmerspiegel herzlich und wiederholen Sie tagtäglich aufs Neue, was für ein wunderbarer Mensch Sie sind.

Rufen Sie sich immer wieder den Zauberspiegel in Erinnerung, und behandeln Sie alle Menschen freundlich und liebevoll. Denken Sie über Ihre persönlichen Glaubensmuster nach und mit welchen vermeintlich gut gemeinten Ratschlägen aus der Vergangenheit Sie durchs Leben gehen.

Machen Sie sich Ihre Ängste bewusst und gehen Sie diese, so schwer es Ihnen auch fällt, an. Springen Sie immer wieder über Ihren eigenen Schatten und schaffen Sie sich persönliche Mutproben im Alltag.

Verändern Sie Ihre Einstellungen und Glaubensmuster, kleben Sie sich sämtliche Lebensweisheiten an Ihre Wohnungswände und wiederholen Sie immer wieder, dass Liebe die größte Kraft auf Erden ist und sich ausnahmslos jeder Mensch wünscht, geliebt zu werden. Bisher haben wir unser Leben unbewusst gelebt. Jetzt ist es an der Zeit, aufzuwachen und mit einem neuen Selbstbewusstsein durch den Tag zu gehen.

Wir können vielleicht nicht die Welt aus den Angeln heben.

Doch wir können beginnen, uns selbst zu verändern und unser direktes Umfeld mit an der Veränderung teilhaben zu lassen. Legen Sie los, werden Sie aktiv. Nicht eines Tages oder irgendwann, sondern jetzt. Es gibt keine bessere Zeit, als genau den jetzigen Zeitpunkt. Verändern Sie Ihr Leben, werden Sie glücklich und setzen Sie damit ein Zeichen.

Tun wir es gemeinsam. Legen wir los. Lassen Sie uns mit dem Spiel beginnen. Jetzt ist der beste Zeitpunkt. Unerheblich, wie einsam oder verzweifelt Sie sich momentan fühlen. Seien Sie gewiss, Sie sind nicht allein.

Legen Sie los und eines Tages werden wir uns im *Magischen Spiel* als Spieler begegnen.

Nachwort
Das Spiel geht weiter

In meiner Familie geht es mindestens so chaotisch zu wie in jeder anderen. Es gibt Krankheiten, Sorgen, Streitereien, Ränke, Pechsträhnen, glückliche Momente und tristen Alltag. Fakt ist, das Leben läuft jeden Tag ein Stückchen weiter und darüber werden wir alle älter. Meine Schwester fragt mich ab und an, wie sie sich Sachen herbeiwünschen kann, denn oft seien ihre Rechnungen höher als ihre Ausgleichsmöglichkeiten.

Seit Jahren versuche ich, ihr das Herbeiwünschen zu erklären, doch so ganz glaubt sie nicht daran und deshalb klappt es nicht so richtig.

Ich bin überzeugt, dass die Welt, die wir wahrnehmen, eine Projektion unserer Gedanken, Gefühle und Überzeugungen ist. Diese gilt es, zielgerichtet und vertrauensvoll einzusetzen.

Zuerst überlege ich also: Was wünsche ich mir? Was ist mein Ziel? Aktuell wünsche ich mir, dass dieses Buch ein Bestseller wird. Mein Freund unterstützt mich bei der Arbeit, weil ich ihm versprochen habe, sein Wunschauto zu finanzieren, wenn ich erfolgreich bin. Und er glaubt an den Erfolg.

Zu guter Letzt würde ein Eigenheim die Sache abrunden.

Bis jetzt sind das alles Träume und Visionen – zu schön, um wahr zu sein – und als ich meiner Schwester kürzlich davon erzählte, lachte sie herzlich und amüsiert.

Doch nach all dem, was ich in den vergangenen Jahren gelernt habe, ist vieles möglich. Man muss sich nur aufraffen und mit einem konkreten Ziel vor Augen an die Arbeit machen.

Genau das tue ich nun seit mehreren Monaten. Ich stehe frühmorgens auf, setze mich an den Schreibtisch und lege los. Jeden Morgen feuere ich mich aufs Neue an und stelle mir vor, wie ich bald glücklich strahlend das fertige Buch in den Händen halte und mich interessierte Leser um Vorträge bitten.

In meiner Fantasie versetze ich mich in solche Situationen und hole sie auf diese Art und Weise zu mir. Die Tage sind klar strukturiert, beginnen morgens mit Zähneputzen und enden abends mit Zähneputzen. Ohne Disziplin geht es nicht, sonst würde ich zu schnell vom Weg abdriften und in alte Angstmuster verfallen.

Wenn mich Zweifel packen und ich mich selbst mal wieder als Träumerin beschimpfe, nehme ich Bücher zur Hand, deren Inhalte mich zum Weitermachen ermutigen.

Die innere Stimme, die mich seit Jahren dazu ermutigte, dieses Buch zu schreiben, war zum Schluss so laut, dass ich sie nicht länger ignorieren konnte. Solange wir nichts wagen und ausprobieren, wissen wir auch nicht, ob es funktioniert. Und bisher hat immer alles geklappt, was ich mir von Herzen gewünscht hatte.

Natürlich wünsche ich mir einen Job für die finanzielle Sicherheit, doch die Bilder und Ziele, die ich vor meinem geistigen Auge habe, stimmen momentan nicht mit den Arbeitsplätzen, auf die ich mich bewerbe, überein und somit kann das mit der neuen Stelle nichts werden.

Das Buch hat Vorrang. Wenn es fertig ist, wäre es schön, einen guten Job in meinem Beruf zu bekommen. Und wie es dann weitergehen soll, steht in den Sternen.

In dieser verflixten Situation spreche ich mir damit Mut zu, dass das Leben ein Spiegel unseres Selbst ist und Durchhalten und Glaube für dieses Spiel mit der Magie erforderlich sind. Derzeit halte ich mich bewusst im Hintergrund, um wenigen Menschen Rede und Antwort stehen zu müssen. Skeptiker würden mich nur in weitere Zweifel reißen, und davor schütze ich mich.

Im Vergleich zu früher mache ich mir weniger Gedanken darüber, was andere von mir denken. Völlig frei bin ich natürlich nicht davon, alte Ängste holen mich immer wieder ein und versuchen, mich weiterhin kleinzuhalten Doch von denen möchte ich nicht mehr mein Leben bestimmen lassen.

Dem üblichen Schema nach müsste ich derzeit über diese Situation jammern, mich aufs Äußerste bemitleiden und sorgenvoll in die Zukunft schauen. Hin und wieder kommt dieses alte Muster an die Oberfläche zurück. Dann bin ich von Ängsten zerfressen und könnte heulen.

Das letzte Mal, als ich in solch einer ungewissen Lage war – arbeitslos, ohne Partner, leicht depressiv – hatte ich mich entschlossen, mich führen zu lassen. Ich hatte nicht nur mit Wünschen meinem Leben eine Richtung gegeben, sondern habe das große Projekt »neue Arbeitsstelle« gezielt in die Hände meiner inneren Stimme gelegt. Deshalb veränderte sich mein Leben in eine positive Richtung. Jetzt gehe ich einen Schritt weiter und möchte bewusst mithilfe dieser inneren Stimme einen Traum wahr werden lassen. Ich habe ein

Ziel vor Augen und möchte weiterhin die Erfahrung machen, dass uns vieles möglich ist, wenn wir uns nicht von Ängsten von unseren Wegen abbringen lassen. Wenn ich dieses Buch fertig geschrieben habe, kann ich nur darauf vertrauen, dass die innere Stimme wie versprochen für alles Weitere sorgt.

Es gibt unzählige Autoren und die Wahrscheinlichkeit, dass ausgerechnet mein Buch von einem renommierten Verlag veröffentlicht wird, ist äußerst gering. Doch wenn ich es nicht ausprobiere, werde ich nie wissen, ob dieser Wunsch wahr wird. Da auf Aktionen Reaktionen erfolgen, wird sich irgendetwas ergeben. Alle Wege führen schlussendlich zu einem Ziel, und jeder kann seinen persönlichen Weg beschreiten.

Während ich die letzten Wochen über am zweiten Teil des Buchs, am Handbuch, arbeite, erlebe ich immer wieder verblüffende Alltagsgeschichten. Kleinigkeiten, die ich mir wünsche, werden erfüllt. Mittlerweile sollte ich mich daran gewöhnt haben, doch es ist jedes Mal aufs Neue faszinierend.

Wenn Sie dieses Buch lesen, ist meine bisher größte Vision wahr geworden – das beste Beispiel dafür, dass das, wovon ich schreibe, kein Unsinn ist, sondern tatsächlich funktioniert.